균형의 문제

균형의 문제

지구 온난화 정책 비교

윌리엄 노드하우스 지음

한정훈 옮김 | 박호정 감수

A Question

Weighing the Options on Global Warming Policies

# of Balance

교유서가

단순함은 궁극의 정교함이다.

_레오나르도 다빈치

차례

추 천 의 말

21세기는 극심한 변동성의 시대, 이른바 블랙스완의 시대다. 기후변화로 인한 전 지구적 생태계의 변화는 우리가 쉽게 가늠하기 힘든 사회적·경제적 피해를 초래할 수 있다. 최근 호주의 한 연구팀은 2050년 무렵이면 전 세계 주요 대부분의 주요 도시가 인류 생존에 적합하지 않은 환경으로 변할 수 있다고 경고하였다. 〈네이처〉에 발표된 기후이탈(climate departure) 가설 역시 이와 유사하게 2040년에서 2050년 무렵부터 겨울에도 이따금 한여름과 같은 평균온도를 기록할 수 있다고 한다. 기후변화로 생태계 붕괴가 가속화되는 이른바 티핑 포인트를 넘어설 수 있기 때문이다.

내가 1990년대 초에 기후변화를 연구할 때만 하더라도 기후변화 피해는 주로 2100년을 기준으로 논의되었으며 시기적으로 먼 훗날 이야기였다. 그러나 그사이에도 인류는 꾸준히 온실가스를 배출하였고 이제 기후변화 피해는 2030년 또는 2050년, 바로 현세대에 닥친 문제로 등장하기에 이르렀다. 온실가스는 대기중에 일단 배출되면 쉽게 소멸되지 않기 때문에 지금부터 배출량을 줄이지 않으면 안 된다.

윌리엄 노드하우스 교수가 노벨 경제학상을 받은 배경에는 이와 같이 기후변화 문제가 절박한 상황에 달했다는 일종의 위기의식이 반영되기도 했다. 2018년 노벨 경제학상은 예일대학교의 노드하우스와 뉴욕대학교의 폴 로머에게 수여되었는데, 거시경제학 분야에서 두 사람의 업적을 노벨 위원회가 인정하였기 때문이다. 특히 노드하우스는 이른바 기후변화 경제학 분야에서 공로를 인정받았다.

전 세계의 많은 경제학자들이 기후변화 경제학 분야에서 활동하고 있지만, 그중에도 대표적인 거성을 대라고 하면 노드하우스, 로버트 핀다이크(MIT), 마틴 와이츠먼(하버드대학교)를 들 수 있다. 이중에서 노드하우스는 노벨 위원회가 밝혔듯이 DICE 모델을 개발하여 장기적으로 기후변화가 전 지구적 GDP에 미치는 영향을 분석했을 뿐만 아니라, 여러 연구자들이 이를 활용할 수 있도록 함으로써 기후변화 문제를 경제학의 중심에 가져다놓는 데 기여하였다.

이 책은 DICE 모델을 중심으로 지구온난화의 경제적 파급효과를 분석하는 경로를 설명하고 온실가스 감축의 대안으로서 탄소세의 도입 필요성을 소개한 노드하우스의 대표작이라고 할 수 있다. 기후변화가 진행되고 있는 현 시점에서도 일각에서는 기후변화가 불확실한 실체라면서 그 영향력을 과소평가하고 있다. 윌리엄 노드하우스는 이러한 기후변화 회의론자들에게 도전장을 내민 것이다. 자신의 모형을 Dynamic Integrated Model of Climate and the Economy의 머리글자를 따서 DIMCE라고 하지 않고 DICE, 즉 주사위라고 명명한 이유는 기후변화의 위험을 일종의 도박처럼 여기는 이들에게 경고하기 위해서였다. 노드하우스는 다음과 같이 엄중하게 경고한 바 있다.

"우리는 기후라는 주사위를 던지고 있다. 그 결과는 심각할 것이며 피해는 치명적일 것이다. 다행히 우리는 기후 카지노에 방금 입장했다. 아직은 돌아서서 빠져나갈 시간이 있다."

이 책의 목적은 돌아서서 빠져나가는 해법을 제시하는 데 있다. 물론 그 해법은 탄소비용의 실현이다.

기후변화 문제의 해결이 시급하다 해서 성급한 결론의 오류를 범하진 않으려고 노드하우스는 최선을 다했다. 기후변화 문제는 중장기적인 것으로 현 세대와 미래 세대의 후생을 균형 있게 다뤄야 한다. 기후변화 문제는 막대한 온실가스 감축 비용이 소요되거나 막대한 기후변화 피해비용이 발생하는 구조를 갖기 때문에 비용과 편익 간에 균형을 유지하는 시각으로 다뤄야 한다. 그렇기 때문에 노드하우스가 이 책에 『균형의 문제』라는 제목을 붙였으며 균형 잡힌 분석의 도구로서 DICE 모형을 개발한 것이다.

이만큼 체계적으로 잘 정리되고 탁월한 기후변화 경제학 입문서는 찾기 힘들다. 대체로 전문 학술지에서 수리적 모형을 기반으로 논쟁이 되어온 분야인 만큼 일반 독자나 이 분야에 입문하려는 학생이나 연구자 대상의 입문서는 드문 편이다. 하지만 이 책을 한 페이지 한 페이지 읽다보면 어느새 기후변화 경제학에 전문가적 인식을 갖게 된 자신을 발견할 것이다.

그렇다고 해서 이 책 한 권으로 기후변화 경제학을 마스터했다고 여기는 사람은 없을 것이다. 할인율 문제만 하더라도 상당히 복잡하다. 노드하우스는 기후변화의 기본 할인율로 4%를 가정하였지만 적정 할인율이 얼마일지는 연구자마다 의견이 분분하다. 예를 들어 『스턴 보고서』는 거의 0%의 할인율을 가정하였다. 핀다이크는 최근의 논문에서 아예 0~5% 범위의 할인율을 지정하였다. 이 책에서도 언급한 사회후생 함수를 어떤 형태로 가정할 것인지, 이에 따라 기후변화에 대한 위험 프리미엄 규모가 얼마일지에 대한 논의도 분분하다. 와이츠먼처럼 기후변화 피해의 이른바 '두꺼운 꼬리 리스크fat tail risk'를 집중적으로 연구하는 이들도 있다. 따라서 본서는 이 문제를 심도 깊게 이해하고자 하는 이들에게 길라잡이가 될 것이다.

위에서 언급한 분석방법론이나 모델과 관련한 여러 논의에도 불구하고, 거의 모든 기후변화 경제학 학술논문은 온실가스 감축을 위해 탄소비용을 지불해야 한다는 결론을 내리고 있음에 주목해야 한다. 이는 노드하우스가 주장하는 탄소세 형태이든 또는 배출권 거래제 형태이든 간에 우리의 생산 및 소비 단계에서 탄소비용이 부담되어야 한다는 의미다.

이 책을 읽다보면 어느덧 먼 미래 세대가 아니라 현세대의 문제로 다가온 기후변화를 심각하게 받아들이고 탄소비용 부담에 동참하려는 인식이 생겨날 것이다. 기술 용어가 많은 원서를 충실하게 번역하느라 애쓴 한정훈 선생과 출판사 관계자들의 노력이 돋보인 이 책이 기후변화 문제에 경종을 울리는 계기가 되길 바란다.

박호정

고려대학교 식품자원경제학과 교수

고려대학교 에너지환경대학원 교수

서 문

지구온난화를 이해하고 그 해로운 영향을 늦추는 조치 문제는 현대의 주요한 환경적 도전이다. 지구온난화는 전 세계적 과제로 늦추거나 예방하는 데 비용이 많이 들고 과학적·경제적 불확실성을 유발하며 앞으로 수십 년, 어쩌면 수세기 동안 전 세계에 그림자를 드리울 것이라는 사실 때문에 지극히 독특하고 복합적인 문제다.

지구온난화에 대처하기가 특히 어려운 이유는 이 문제가 많은 학문 분야와 사회 영역에 걸쳐 있기 때문이다. 생태학자들은 생태계에 대한 위협으로, 해양생물학자들은 해양 산성화를 초래하는 문제로, 공공사업은 대차대조표의 차변으로, 석탄 광부들은 생계에 대한 실존적 위협으로 본다. 기업들은 기회 또는 위험으로, 정치인들은 세금에 관해 언급할 필요가 없는 한도 내에서 중요 사안으로, 스키장은 이미 짧아진 스키 시즌에 대한 치명적인 위험으로, 골퍼들은 연중 라운딩을 가능하게 해주는 혜택으로, 가난한 나라들은 농부들에 대한 위협과 재정적·기술적 지원의 근거로 인식할 것이다. 또한 이런 다면적 특성은 자연과학자와 사회과학자 들에게 지구물리학, 경제학, 정치학 등 여러 학문 분야를 통합시켜 진단과 처방을 내놓아야 하는 과제를 제기한다.

지금은 지구온난화의 시대다. 그리고 지구온난화 연구의 시대이기도 하다. 이 책은 경제학적 도구와 수학적 모델링을 사용하여 지구온난화를 늦추기 위한 효율적 접근방식과 비효율적 접근방식을 비교분석한다. 또한 DICE-2007이라는 소규모지만 포괄적인 경제 및 기후모델을 설명한다. DICE는 '기후 및 경제의 동태적 통합 모델(Dynamic Integrated model of Climate and the Economy)'의 약칭이다.

이 책에서 설명하는 것은 지구온난화를 늦추려는 대안적 접근방식의 경제적·환경적 역학 관계를 이해하기 위해 저자와 협력자들이 개발한 기존 모델들의 완전한 개정판이다. 이는 모델링 연구 작업의 다섯번째 주요 버전으로 이전 버전은 1974~1979년, 1980~1982년, 1990~1994년 그리고 1997~2000년에 개발되었다.[1] 여러 세대에 걸쳐 많은 방정식과 세부사항이 바뀌었지만 기본 모델링 철학은 변하지 않았다. 즉 최신의 경제와 과학 지식을 통합하고 가능한 한 단순하고 투명한 방식으로 기후변화의 경제적 주요 요소들을 포착하는 것이다. '단순함은 궁극의 정교함이다'라는 레오나르도 다빈치의 격언이 우리의 원칙이다.

이 책은 DICE 모델의 새로운 버전을 설명하고 몇 가지 주요 이슈와 정책 제안을 분석한다. 지형도가 필요할 사람들을 위해 간략한 장별 개요로 시작해보자.

제1장 '의식 있는 시민들을 위한 요약'은 연구의 기본 접근방식과 주요 결과를 소개하며, 직관적 요약을 원하는 전문가뿐만 아니라 광범위한 개요를 원하는 비경제학자도 유용하게 읽을 수 있다.

제2장에서는 DICE 모델을 소개하고 제3장에서는 모델의 방정식을 자세히 설명한다. 모델의 실제 방정식은 부록으로 제시되어 있다.

제4장에서는 대안적 정책의 컴퓨터 시뮬레이션 분석 결과를 설명한다. 현재의 교토의정서부터 이상적이고 완벽하게 효율적인 '최적'의 경제적 접근방식까지 아우른다. 제5장에서는 경제적 영향, 탄소가격 및 통제 비율, 온실가스 농도와 온도에 미치는 영향 등 각 정책의 주요 분석 결과를 제시한다.

제6장부터 제9장까지는 DICE 모델을 이용한 추가 분석을 제공한다. 제6장은 불완전한 참여의 영향 분석으로 시작한다. 이 새로운 모델링 접근방식은 국가나 경제 영역의 일부만 포함하는 정책의 경제적·지구물리학적 영향을 분석적으로 포착할 수 있으며, 그 결과는 완전한 참여의 중요성을 보여준다. 제7장은 불확실성이 정책과 생산량에 미치는 영향의 예비적 결과를 제시한다. 제8장은 배출 통제에 관한 두 가지 주요 접근방식인 가격형 규제와 양적 규제를 검토하는 정책 중심의 장으로, 가격형 접근방식의 놀라운 장점을 설명한다.

제9장에서는 DICE 모델 구조를 이용하여 기후변화 경제학을 다룬 스턴 보고서 분석을 제공한다. 마지막 장에서는 결과와 관련된 몇 가지 주의사항을 이야기한 다음 연구의 주요 결론을 제시한다. GAMS

컴퓨터 코드, 파생 모델, 기술적 세부사항은 「DICE-2007 모델 개발에 관한 참고 문서 및 자료」(Nordhaus 2007a)에 수록되어 있다.

제 1 장
의식 있는 시민들을 위한 요약

지구온난화를 다룬 기술보고서는 정책 입안자들을 위한 요약 설명으로 시작하는 경우가 많다. 하지만 이 책에서는 관심 있는 시민들의 이해를 돕기 위한 요약으로 시작하고 싶다. 다음 사항들은 과학자와 비전문가 모두를 위한 요약이다. 비전문가들은 경제학, 혹은 적어도 이 책에서의 경제학이 지구온난화로 인한 딜레마에 관해 어떤 결론을 내렸는지 간결한 진술을 보고 싶을 것이다.

지난 10년 동안 지구온난화는 국제 환경 분야의 주요 이슈가 되었다. 경제 및 과학 연구 전반을 사심 없이 우려하는 분석가들은 더욱 더워지는 세계에 대한 전망을 심각하게 받아들인다. 이 문제들을 주의 깊게 살펴보면 기후변화를 늦추기 위해 국가들이 얼마나 빨리 조치를 취해야 하는지에 대한 현재로서는 명확한 해답이 없다는 걸 알게 된다.

아무것도 하지 않거나 지구온난화를 완전히 저지하는 양극단 중 어느 쪽도 합리적인 대응·방식은 아니다. 잘 설계된 정책이란 당장 발생하게 되는 현재의 경제적 비용과 그에 따라 발생하게 될 미래의 경제적·생태적 편익 간의 균형을 맞추는 것이다. 비용과 편익의 균형을 어떻게 맞출 것인가가 이 책에서 다루려는 핵심 질문이다.

지구온난화 문제의 개관

이 책의 근본 전제는 지구온난화가 심각하고 어쩌면 암담하기까지 한 사회문제라는 것이다. 지구온난화의 과학적 근거는 확고하다. 핵심 문제는 석탄, 석유, 천연가스 등 화석연료(또는 탄소기반 연료)를 태우면 이산화탄소(CO_2)가 배출된다는 점이다.

CO_2, 메탄, 아산화질소, 할로겐화탄소 같은 기체를 온실가스(greenhouse gases, GHG)라고 부른다. 온실가스는 대기에 축적되는 경향이 있고 수십 년에서 수세기까지 장기간 잔류한다. 고농도의 온실가스는 육지와 해양 표면의 온난화로 이어진다. 이러한 온난화는 대기, 해양, 육지의 피드백 효과를 통해 간접적으로 증폭된다. 그 결과로 나타나는 기온 극값, 강수 패턴, 폭풍의 발생 위치와 빈도, 설원, 하천 범람, 수자원 이용가능성, 빙상 등의 변화는 기후에 민감한 생물과 인간의 활동에 지대한 영향을 미칠 수 있다.

온난화의 정확한 진행 속도와 범위는―특히 향후 수십 년 뒤의 전망은―지극히 불확실하지만, 세계가 지난 몇천 년간 전례가 없던 일련의 중요한 지구물리적 변화에 착수했다는 점에 있어서는 과학적으로 의심할 여지가 거의 없다. 과학자들은 이런 현상의 초기 징후를 여러 분야에서 분명히 발견했다. 온실가스의 배출과 대기 농도가 증가하는 중이고, 지표면 온도가 급상승한다는 신호가 있으며, 과학자들은 이런 특정 유형의 온난화를 구별하는 지표인 진단 신호―예를 들어 고위도 온난화 확산 같은―를 감지했다. 최근의 증거와 모델링에 따른 예측은 지표면 평균온도가 다음 세기와 그 이후에 급격히 상승할 것임을 암시한다. IPCC(Intergovernmental Panel on Climate Change: 기후변화에 관한 정부 간 협의체)의 제4차 평가보고서인 「기후변화 2007」은 21세기 동안 지구 기온 상승의 최선 추정치를 1.8~4.0°C로 제시한다. 이는 비록 작은 변화처럼 보이지만 지난 1만 년 동안 일어났던 어떤 변화보다도 훨씬 급격한 것이다.

2006년 전 세계 CO_2 배출량은 약 75억 톤으로 추정되었다. 이 천문학적인 숫자를 개인의 수준으로 환산해보면 이해에 도움이 될 듯하다. 당신이 1갤런당 45킬로미터를 주행하는 자동차를 타고 1년에 16만 킬로미터를 운전한다고 가정해보자. 당신의 자동차는 연간 약 1톤의 탄소를 배출할 것이다. (이 책은 탄소에 초점을 맞추고 있지만, 다른 연구들은 원자량이 탄소의 3.67배인 CO_2를 기준으로 논의하기도 한다. 이 경우 자동차의 CO_2 배출량은 연간 약 4톤이다.) 혹은 매년 약 1만 킬로와트시(kWh)의 전기를 사용하는 전형적인 미국 가정을 생각할 수도 있다. 석탄으로 이만큼의 전기를 생산하려면 연간 3톤의 탄소(또는 11톤의 CO_2)를 배출해야 한다. 반면에 원자력으로 전기를 생산하거나 자전거를 타고 출근하면 이런 활동의 탄소 배출량은 0에 가까울 것이다. 미국은 연간 약 16억 톤의 탄소를 배출하는데 이는 일인당 연간

5톤을 약간 넘는 양이다. 전 세계의 탄소 배출량은 일인당 1.25톤 정도이다.

기후변화 정책에 대한 경제적 접근방식

이 책은 경제적 접근방식을 통해 기후변화에 대처할 대안들을 비교평가한다. 경제 분석의 본질은 모든 경제활동을 공통 회계단위로 전환하거나 환산한 다음 각 접근방식이 총액에 미치는 영향을 비교하는 것이다. 이 단위는 보통 고정가격(예를 들면 2005년 미국 달러)에 따른 재화의 가치다. 하지만 그 가치는 실질 화폐가 아니라 재화와 서비스의 표준 묶음(1000달러어치의 식량, 3000달러어치의 주택, 900달러어치의 의료서비스 등)을 나타낸다. 따라서 우리는 사실상 모든 경제활동을 표준화된 묶음의 수치로 환산하게 된다.

경제적 접근방식을 설명하기 위해 어떤 경제가 옥수수만을 생산한다고 가정해보자. 우리는 기후변화로 미래의 옥수수 생산이 입을 피해를 상쇄하기 위해 현재의 옥수수 소비를 줄이고 미래를 위해 저장하기로 결정할 수도 있다. 이런 정책을 저울질할 때 우리는 현재와 미래의 옥수수가 지닌 경제적 가치를 고려하여 현재의 옥수수를 얼마나 소비하고 얼마나 저장해야 할지 결정한다. 온전히 경제적인 관점에서 '옥수수'는 모두 경제적 소비일 것이다. 여기에는 비시장적 환경 재화 및 서비스의 가치뿐만 아니라 모든 시장적 재화 및 서비스가 포함될 것이다. 다시 말해 적절하게 측정된 경제적 복지는 시장에 포함되지 않았지만 사람들에게 가치 있는 재화와 서비스를 모두 포함하고 있어야 한다.

　기후변화에 대한 경제적 접근방식이 제기하는 핵심 질문은 다음과 같다. 각국은 CO_2와 기타 온실가스 배출량을 얼마나 급격히 줄여야 하는가? 배출 감축의 시간 계획표는 어떻게 세워야 하는가? 여러 산업과 국가에 걸쳐 어떻게 목표 감축량을 분배해야 하는가? 정치적 논란을 일으키는 또다른 중요 이슈는 소비자와 기업에 감축량을 부과하는 방식이다. 기업, 산업, 국가에 부과되는 배출 제한 시스템이 있어야 하는가? 아니면 주로 온실가스에 대한 세금을 통해 배출 감축이 이루어져야 하는가? 가정과 국가의 빈부 격차에 따른 상대적 기여도는 어떻게 결정되어야 하는가?

　일반적으로 기후변화에 대한 경제적 분석이란 기후변화가 매우 급격히 진행될 때의 비용과 서서히 진행될 때의 비용을 서로 비교하는 것이다. 국가들은 기후변화 둔화의 비용 측면에서 온실가스 배출량을 어떻게, 얼마나 줄일 것인지 고려해야 한다. 특히 온실가스를 대량으로 감축하려면 주로 CO_2 배출량을 줄이기 위해 값비싼 조치를 취해야 할 것이다. 어떤 조치는 화석연료 사용을 줄이는 것을 포함한다. 어떤 조치는 다른 생산기술이나 대체 연료, 대체 에너지원 사용을 포함한다. 우리 사회는 에너지의 생산과 사용 패턴을 바꾸기 위해 여러 차례 다양한 접근방식을 채택해왔다. 경제적 역사와 분석은 시장 메커니즘의 활용이 가장 효과적일 것임을 보여준다. 그러려면 우선 탄소 연료에 높은 가격을 매긴 다음 소비자와 기업이 에너지 사용 패턴을 바꾸고 탄소 배출을 줄일 수 있도록 신호를 주고 인센티브를 제공해야 한다. 탄소가격 상승은 장기적으로 기업들이 저탄소 미래로의 전환을 용이하게 해줄 신기술을 개발할 동기를 부여할 것이다.

기후 피해의 측면에서 우리의 지식은 매우 미약하다. 인류 문명이 존재한 대부분의 시간 동안 지구 기후 패턴은 100년 단위의 온도 변화가 1°C에도 한참 못 미치는 매우 좁은 범위에 머물러왔다. 인간의 정착지는 생태계나 해충과 마찬가지로 우리가 자라온 기후와 지질학적 특징에 일반적으로 적응한 결과물이다. 경제학 연구에 따르면 에어컨이 설치된 주택이나 공장의 제조공정 대부분은 온도가 조절되기 때문에 21세기의 기후변화에도 직접적인 영향을 거의 받지 않을 것이라고 한다.

하지만 빗물에 의존하는 농업, 계절형 설원, 해안 지역, 하천 범람, 그리고 대부분의 자연 생태계와 같이 '관리되지 않는' 인공 및 자연 시스템은 상당한 영향을 받을 수 있다. 이 분야의 경제 연구는 큰 불확실성의 대상이 되겠지만, 이 책에서 추측한 최선의 결과에 따르면 기후변화에 개입하지 않을 경우 경제적 피해는 21세기 말까지 연간 세계 생산량의 2.5%에 달할 것으로 보인다. 피해가 집중되는 곳은 열대 아프리카, 인도 등 저소득의 열대 지역일 가능성이 높다. 일부 국가는 기후변화의 혜택을 받을 수도 있지만 강, 항구, 허리케인, 몬순, 영구동토층, 해충, 질병, 서리, 가뭄 등 기후에 민감한 물적 시스템과 밀접하게 연결된 모든 지역에서 상당한 혼란이 일어날 가능성이 있다.

기후변화 경제학의 DICE 모델

이 책의 목적은 '기후 및 경제의 동태적 통합 모델(Dynamic Inte-grated model of Climate and the Economy)'의 약자인 DICE 모델 구조로 기후변화의 경제학을 살펴보는 것이다. DICE 모델은 이 분야에 존재하는 일련의 모델 중 최신 세대에 속한다. 이 모델은 경제 성장, CO_2 배출, 탄소순환, 기후변화, 기후 피해 및 기후변화 정책에 영향을 미치는 요소들을 연결한다. DICE 모델의 방정식은 경제학, 생태학, 지구과학 등 다양한 학문 분야에서 가져왔으며 경제적·환경적 결과를 예상할 수 있도록 수학적 최적화 소프트웨어를 사용하여 실행된다.

DICE 모델은 기후변화의 경제학을 경제 성장이론의 관점에서 바라본다. 이러한 접근방식에서 경제는 자본, 교육, 기술에 투자하며 따라서 미래의 소비를 늘리기 위해 현재의 소비를 억제한다. DICE 모델은 기후 시스템의 '자연자본'을 일종의 추가 자본으로 포함시킴으로써 이 접근방식을 확장한다. 경제주체들은 배출량 감소를 통해 자연자본 투자에 생산량을 할애하고 현재의 소비를 줄임으로써 경제적으로 해로운 기후변화를 방지하여 미래의 소비 가능성을 높인다. 이 모델에서는 다양한 세대의 경제 후생(더 정확히 말하면 소비)에 대한 기여를 바탕으로 각 정책을 평가한다.

DICE 모델은 특정한 변수를 이미 주어지거나 가정된 것으로 받아들인다. 이런 변수에는 세계 주요 지역의 인구, 화석연료 매장량, 기술 변화 속도가 포함된다. 대부분의 중요 변수는 내생적이거나 모델에 의해 생성된다. 내생적 변수로는 세계 생산량과 자본주식, CO_2 배출량 및 농도, 지구온도 변화, 기후 피해 등이 있다. 또한 이 모델은 검토된 정책에 따라 배출량 감축 또는 탄소세 측면에서 정책 반응을 생성한다(이에 관해서는 나중에 자세히 논의하겠다). DICE 모델의 단점 하나는 거의 모든 통합평가 모델이 그렇듯 기술 변화가 변화하는 시장의 힘에 반응하여 이루어지기보다는 외생적으로 이루어진다는 것이다.

DICE 모델은 빙산과 같다. 눈에 보이는 부분에는 생산량, 배출량, 기후변화, 경제적 영향의 운동 법칙을 나타내는 소수의 수학 방정식이 포함되어 있다. 그러나 수면 아래에서 이러한 공식들은 자연과학과 사회과학 전문가들이 개별 요소들에 대해 수행한 수백 가지 연구에 기초하고 있다.

모든 영역이 그렇듯 기후변화 분야에서도 좋은 모델링을 실행하려면 모델의 구성요소에 사용된 척도가 정확해야 한다. DICE 모델은 향후 수십 년 동안의 기후변화를 이해하는 데 필요한 주요 구성요소의 표현식을 담고 있다. 각각의 구성요소는 해당 분야의 연구에 의존하는 하위모델이다. 예를 들어 기후 모듈은 최첨단 기후 모델의 연구 결과를 이용한 온실가스 배출 함수로 기후변화를 예측한다. 영향 모듈은 기후변화의 영향에 대한 여러 연구에 기반한다. DICE 모델에 사용되는 하위모델은 전문화된 대규모 모델이 생성하는 지역적·산업적·시간적 세부사항을 산출할 수 없다. 그러나 소규모 하위모델은 현재의 지식 상태를 정확하게 표현하기 어렵긴 해도 손쉽게 수정할 수 있는 장점이 있다. 가장 중요한 점은 하위모델들이 모든 주요 요소를 연결하는 통합 모델에 결합될 수 있을 만큼 간결하다는 사실이다.

기후나 온실가스 배출에 관한 모델을 비롯한 DICE 모델의 하위모델에는 대부분 여러 가지 접근방식이 있으며 이는 때로 열띤 논쟁 대상이 되기도 한다. 모든 경우에 있어서 우리는 적절한 모델, 변수 또는 성장률에 대한 과학적 공감대를 형성했다. 예를 들어 대기중 CO_2 농도의 2배 증가가 지구 평균온도에 미치는 장기적 영향의 경우에는 불확실성을 추정하고 분석한 긴 이력이 있다. 반면 기후변화가 경제에 미치는 영향에 관해서는 중심적 경향과 불확실성이 제대로 파악되지 않은 상태이며, 그러한 가정에 대한 우리의 신뢰도는 상당히 낮다. 예를 들어 그린란드와 남극 만년설이 녹아서 해수면이 몇 미터 상승하는 것처럼 가능성은 낮지만 실현될 수 있는 재난에 미래의 기후변화가 미치는 영향은 불완전하게 이해된다. 이러한 불확실성의 정량적·정책적 함의는 제1장 마지막에 다루어진다.

DICE 모델 같은 통합평가 모델 사용의 주된 이점은 기후변화에 대한 질문들을 일관된 구조 아래에서 답변할 수 있다는 것이다. 경제 성장, 온실가스 배출, 탄소순환, 기후 시스템, 영향과 피해, 그리고 실행 가능한 정책들의 연결 관계는 엄청나게 복잡하다. 시스템 일부분의 변화가 다른 부분에 어떤 영향을 미칠지 고려하는 일은 매우 어렵다. 예를 들어 고도의 경제 성장이 배출량과 온도 경로에 미치는 영향은 무엇일까? 화석연료의 가격이 상승하면 기후변화에 어떤 영향을 미칠까? 교토의정서나 탄소세는 배출량, 기후, 경제에 어떤 영향을 미칠까? DICE 모델 같은 통합평가 모델의 목적은 이러한 질문에 명확한 답을 제공하는 것이 아니다. 많은 관계에 내재하는 불확실성을 고려할 때 명확한 대답이란 불가능하기 때문이다. 하지만 이러한 모델들은 적어도 내부적으로는 일관성을 갖춘 대답을 제시하고 나아가 다양한 힘과 정책의 영향에 관해 가장 진전된 설명을 제공하려고 노력한다.

할인율

우리의 분석에서 중요한 역할을 하는 경제 개념 중 하나는 할인율이다. 온실가스 배출 감축을 위한 대안적 궤도 중에 하나를 선택하려면 미래 비용을 현재 가치로 환산할 필요가 있다. 우리는 미래 재화에 할인율을 적용하여 현재 재화와 미래 재화를 공통 화폐로 비교한다. 할인율은 일반적으로 긍정적이지만 하강 또는 침체 국면에서는 부정적일 수 있다. 또한 할인율은 재화 묶음의 실제 할인율로 계산되며 인플레이션의 순액이라는 점에 유의해야 한다.

일반적으로 할인율은 자본투자 수익률로 생각할 수 있다. 단일 재화 경제를 앞서의 옥수수 대신 나무로 바꿈으로써 이 개념을 설명할 수 있다. 내일의 나무(더 일반적으로는 내일의 소비)는 오늘의 나무 또는 소비와 다른 '가격'을 지닌다. 우리는 생산을 통해 오늘의 나무를 내일의 나무로 바꿀 수 있기 때문이다. 예를 들어 만약 나무가 비용 없이 매년 5% 비율로 자란다면 가치평가 관점에서 지금부터 1년 후의 나무 105그루는 오늘의 나무 100그루와 동등한 경제적 가치를 갖는다. 즉, 오늘의 나무 100그루는 1+.05로 할인된 내일의 나무 105그루와 같다. 따라서 각 정책을 비교하기 위해 우리는 각 정책에 따른 소비 흐름을 택하여 적절한 할인율을 적용한다. 그런 다음 각 기간의 할인된 가치를 합산하여 총 현재 가치를 구한다. 경제적 접근방식에서는 B 정책보다 A 정책에 따른 소비 흐름이 더 높은 현재 가치를 갖는다면 A가 선호된다.

적절한 할인율의 선택은 기후변화 정책에서 특히 중요하다. 대부분의 영향은 먼 미래에 나타나기 때문이다. DICE 모델의 접근방식은 자본의 예상 시장수익률을 할인율로 사용하는 것이다. 이 모델의 예상 할인율은 21세기에 걸쳐 연평균 4%다. 1세기 후의 기후 피해액 1000달러가 현재의 20달러로 평가된다는 의미다. 20달러는 아주 적은 금액처럼 보일지 모르지만, 이는 자본이 생산적이라는 견해를 반영한다. 다시 말해 옥수수와 나무의 미래 기후 피해를 줄이기 위한 투자는 더 나은 종자와 개선된 장비에 대한 투자, 그 밖의 다른 고수익 투자와 경쟁해야 한다는 사실을 반영하기 위해 할인율이 높다. 할인율이 높아지면 미래의 피해는 더 작게 보이고 우리는 현재의 배출량을 덜 감축한다. 반면에 할인율이 낮아지면 미래의 피해는 더 커 보이고 우리는 현재의 배출량을 더 많이 감축한다. 장기적 할인을 이해하려면, 1626년 맨해튼섬을 구입한 자금 24달러가 4%의 실질이자율로 투자되어 오늘날 맨해튼의 엄청난 가치를 가져다주었다는 사실을 기억하는 것이 항상 유용하다.

탄소 배출 가격과 탄소세

기후변화의 경제학에서 또다른 핵심 개념은 '탄소가격', 더 정확히 말하자면 CO_2 배출에 부과되는 가격이다. 탄소가격의 한 가지 유형은 '탄소의 사회적 비용'이다. 이는 탄소 배출 비용의 측정이다. 더 정확히 말하자면 탄소 배출량 증가로 야기되는 현재와 미래의 추가적인 경제 피해의 현재 가치다. 배출 제약이 없는 상황에서 표준적인 가정을 따를 경우 탄소의 사회적 비용은 현재 가치로 탄소/톤당 약 30달러로 추정된다. 따라서 앞에 논의한 자동차 사례에서 16만 킬로미터를 운전할 때 발생하는 총 사회적 비용 또는 할인된 피해는 30달러가될 것이며, 전형적인 미국 가정에서 사용하는 석탄 화력발전 전기로인한 총 사회적 비용은 연간 90달러가 될 것이다. 미국 전체 CO_2 배출량의 일인당 사회적 비용은 연간 약 150달러(탄소 5톤×30달러)가 될 것이다. 경제적 관점에서 보자면 CO_2 배출은 '외부효과'다. 즉, 운전자나 가정이 이러한 배출 비용을 지불하지 않고 현재와 미래의 다른 세대에 떠넘기고 있다는 것이다.

배출이 제한되는 상황에서는 시장신호를 '탄소가격'으로 생각하면 유용하다. 이는 화석연료를 사용하여 CO_2를 배출하는 사람들이 지불하는 시장가격이나 불이익을 나타낸다. 탄소가격은 휘발유세나 담배세 같은 '탄소세'로 부과할 수 있는데, 이는 재화의 탄소함량에 부과되는 것을 제외한다. 여기서 단위는 탄소 또는 CO_2 1톤당 2005년 기준 미국 달러다. (무게가 다르기 때문에, 탄소 1톤당 달러를 CO_2 1톤당 달러로 환산하려면 탄소 1톤당 달러에 3.67을 곱해야 한다.) 예를 들어 한 국가가 탄소 1톤당 30달러의 탄소세를 부과하려 한다면 휘발유에 1갤런당 약 9센트의 세금을 부과할 것이다. 이와 유사하게 석탄으로 생산하는 전기에 대한 세금은 kWh당 약 1센트, 즉 현재 소매가격의

10%가 될 것이다. 미국의 현재 탄소 배출량 수준에서 탄소 1톤당 부과되는 30달러의 세금은 연간 500억 달러의 세입을 창출할 것이다.

온실가스 '총량거래제(cap-and-trade system)'는 탄소의 시장가격을 상승시키는 또다른 요소다. 총량거래제는 오늘날 지구온난화 정책의 표준 설계로, 예를 들면 교토의정서나 캘리포니아주의 정책 제안에 근거한 것이다. 이 접근방식에 따르면 총 배출량(cap)은 정부 규제에 따라 제한되며, 총량에 이르는 배출 허가는 기업 및 기타 단체에 할당되거나 경매에 부쳐진다. 하지만 배출권을 보유한 자는 이를 타인에게 판매(trade)할 수 있다.

배출권 거래는 환경 정책의 큰 혁신 중 하나다. 배출권의 장점은 한 기업이 다른 기업보다 더욱 경제적으로 배출량을 줄일 수 있다는 점이다. 만약 한 기업의 배출 감축비용이 매우 높다면 더 저렴하게 배출 감축을 수행할 수 있는 다른 기업의 배출권을 구입하는 것이 효율적이다. 이 시스템은 환경 규제에 널리 사용되어왔으며 현재 유럽연합(EU)에서는 CO_2에 적용된다. 2007년 여름 기준으로 EU의 배출권은 CO_2 1톤당 약 20유로에 판매되는데, 이는 탄소 1톤당 약 100달러에 해당하는 금액이다.

주요 결과

이 책은 상당한 배출 감축이 이루어지지 않을 경우 경제와 기후 시스템의 향후 예상 궤적을 분석하는 것으로 시작한다. 우리는 이를 '기준선 사례'라고 부른다. 우리의 모델링 예측은 CO_2 배출량이 2005년 연간 74억 톤에서 2100년 연간 190억 톤으로 꾸준히 급증하고 있음을 보여준다. 이 모델의 예상 탄소 배출량은 대기중 CO_2 농도가 산업혁명 이전 시대의 280ppm에서 2005년 380ppm, 2100년 685ppm으로 급격히 증가한다는 것을 의미한다.

2005년 측정된 평균 지표면 온도는 1900년보다 0.7°C 상승했으며, DICE 모델에 따르면 2100년에는 1900년보다 3.1°C 상승할 것으로 예상된다. 장기적인 미래 영향은 매우 불확실하지만, DICE 모델의 1900년 대비 2200년 온도 베이스라인 상승 예상치는 5.3°C로 매우크다. 이러한 기온 상승에 따른 기후변화로 2100년이면 전 세계 생산량의 거의 3%, 2200년에는 전 세계 생산량의 거의 8%까지 손실이 늘어날 것으로 추정된다.

이 책은 지구온난화에 대한 대안적 정책을 광범위하게 분석한다. 우선 '최적의' 경제적 대응이라고 할 수 있는 이상적인 정책으로 시작한다. 이 정책은 다양한 산업, 국가, 시대에 걸쳐 효율적인 방식으로 온실가스 배출량을 줄이기 위해 모든 국가가 동참하는 것이다. 효율적 정책이라는 개념의 일반 원칙은 CO_2와 다른 온실가스를 감소시키는 한계비용이 각 부문과 국가에서 균등화되어야 한다는 것이다. 나아가 매년 한계비용이 기후변화에 따른 미래 피해를 낮추는 한계이익과 동일해야 한다.

우리의 추정에 따르면 효율적 배출 감축은 단기적으로는 배출 감축률이 완만하지만 중장기적으로는 급격한 감축을 수반하는 '정책 경사로'를 따라간다. 베이스라인과 비교할 때 우리가 추정한 CO_2 배출 감축률의 최적치는 1차 정책기간에는 15%, 2050년에는 25%, 2100년에는 45%로 증가한다. 이러한 경로는 CO_2 농도를 감소시키고, 1900년 이후의 지구 평균온도 상승 수치를 2100년에는 2.6°C, 2200년에는 3.4°C로 감소시킨다. (이러한 계산은 계산된 베이스라인 또는 통제 없는 배출 시나리오와 비교하여 배출 감축률을 측정한다는 점에 유의할 필요가 있다. 대부분의 정책 적용에 있어 감축량은 교토의정서의 1990년 배출량 수준과 같은 역사적 베이스라인에 비교하여 계산된다. 예를 들어 독일 정부가 2050년까지 전 세계 배출량을 1990년의 50%로 감축하자고 제안한 것은 DICE 모델에서 계산된 베이스라인에 비교하면 80% 감축을 의미했다. 이 베이스라인은 1990년부터 2050년에 걸쳐 증가할 것으로 예상되기 때문이다.)

효율적인 기후변화 정책은 비용에 비해 효과적이며, 장기적인 기후 변화에도 상당한 영향을 미칠 것이다. 이 정책에 따른 전 세계적 이익의 순 현재 가치는 통제 없는 정책에 비교하여 3조 달러다. 기후 피해 감소에 따른 5조 달러의 이익에서 감축 비용 2조 달러를 뺀 금액이다. '최적의' 정책이 취해진 후에도 기후변화에 따른 잔여 피해가 상당할 거라는 점에 유의할 필요가 있다. 이 피해액은 우리가 추산한바 17조 달러에 달한다. 기후 피해를 더 많이 줄일 수 없는 이유는 추가적인 피해 감소에 따른 이익보다 추가적인 감축 비용이 더 크기 때문이다.

DICE 모델의 중요한 결과는 '최적 탄소가격' 혹은 '최적 탄소세' 추정이다. 이는 탄소 배출을 줄이는 추가적 비용과 기후 피해를 줄이는 추가적 편익이 균형을 이루는 탄소 배출량 가격을 말한다. 우리의 계산에 따르면 2005년 경제적으로 최적인 탄소가격 혹은 탄소세는 2005년 가격으로 탄소 1톤당 27달러다. (가격이 3.67배인 CO_2를 기준으로 할 경우 최적 세금은 CO_2 톤당 7.40달러다.)

우리는 지구온난화 정책에 대한 몇 가지 대안적 접근방식을 검토했다. 한 가지 중요한 대안은 최적 정책의 비용-편익 접근방식에 기후 규제를 추가하는 것이다. 이러한 접근방식은 대기중 CO_2 농도를 산업화 이전 수준의 2배로 제한하는 규제를 추가하거나 지구온도 상승을 2.5°C로 제한할 수도 있다. 우리는 대부분의 기후 제한 사례에서 정책의 순가치가 최적 정책의 순가치에 가깝다는 것을 발견했다. 게다가 매우 엄격한 경우를 제외하면 기후 제한에 적용될 단기적 탄소세는 경제적 최적치에 가깝다. 예를 들어 CO_2 2배 증가 및 온도 2.5°C 상승과 관련된 2005년 탄소가격은 각각 톤당 29달러와 31달러로서 기후 제한이 없는 순 최적화의 톤당 27달러와 비교된다.

이 책은 또한 피해의 증가와 더욱 엄격한 규제의 필요성을 반영하기 위해 최적 탄소가격의 경로가 향후 수십 년 동안 급격히 상승해야 한다는 것을 보여준다. 이것이 탄소가격의 정책 경사로다. 최적 가격은 기후변화에 따라 증가하는 피해를 반영하기 위해 실제 기간 동안 매년 2~3%씩 꾸준히 상승할 것이다. 최적의 경로에서 탄소가격은 1차 기간의 톤당 27달러에서 2050년에는 톤당 90달러, 2100년에는 톤당 200달러로 상승할 것이다.

탄소가격 상한선은 모든 화석연료를 효율적으로 다른 기술로 대체할 수 있는 가격에 따라 결정될 것이다. 우리는 이 가격 수준을 백스톱(backstop) 기술 비용이라고 칭했다. 우리는 상한선이 향후 약 반세기 동안 톤당 1000달러 정도일 것으로 추정하지만, 그 이후의 기술적 선택지를 예측하기는 매우 어렵다.

이러한 가격은 현재의 과학적·경제적 지식을 고려한 최선의 추정치임에 유의해야 하며, 새로운 과학적 정보에 따라 조정되어야 한다. 또한 가격 경로는 장기간에 걸쳐 화석연료 가격의 극심한 상승을 수반할 것이라는 점에 유의해야 한다. 석탄의 경우 톤당 200달러의 탄소세는 국가에 따라 200~400%의 가격 인상을 수반하게 되고, 석유의 경우 배럴당 60달러의 가격에 대해 약 30%의 인상을 수반하게 된다. 이러한 화석연료의 가격 급등은 화석연료 사용과 그에 따른 온실가스 배출양을 줄이기 위해 필요하다. 가격 급등은 저탄소 혹은 제로탄소 대체 에너지원에 대한 연구, 개발, 투자를 촉진하는 데 있어서도 중요한 역할을 한다.

효율적 정책의 중요성

이 책의 결론은 비용 효율적 정책을 설계하고 비효율적 정책을 피하는 것의 중요성을 강조한다. '비용 효율적'이라는 용어는 주어진 목표를 최소 비용으로 달성하는 접근방식을 의미한다. 예를 들어 이러한 접근방식은 2.5°C의 지구온도 상승이 위험한 피드백 효과를 상정하지 않고 안전하게 허용할 수 있는 최대치라고 판단할 수 있다. 경제적 접근방식은 경제에 가장 적은 비용을 부과하면서 이러한 목표를 달성할 방법을 찾는 것이다.

'공간적 효율'이라고도 칭해지는 한 가지 중요 요건은 배출 감축의 한계비용이 각 분야와 국가에 균등하게 배분되어야 한다는 것이다. 현실적으로 이를 실현할 유일한 방식은 면제되거나 선호되는 분야 혹은 제외되는 국가가 없이 모두에게 조화된 탄소가격을 부과하는 것이다. 가격 조화에 대한 한 가지 접근방식은 보편적 탄소세다. 또다른 접근방식은 모든 국가와 분야가 참여하고 모든 배출이 거래 대상이 되는 총량거래제(또는 효율적으로 연결된 다국적 총량거래제)다.

효율성의 두번째 요건은 '시간적 효율'로, 이를 위해서는 배출 감축 타이밍을 효율적으로 설계해야 한다. 앞에서 설명한 바와 같이 우리는 시간적 효율을 갖춘 탄소가격 상승이 현실적으로 매년 2~3%일 것이라 추정한다. 시간적 효율은 할인율, 탄소순환과 기후 시스템의 역학, 기후변화로 인한 경제적 피해에 따라 달라지기 때문에 공간적 효율보다 추정하기가 훨씬 어렵다.

지금까지 실행된 모든 정책은 공간적 효율과 시간적 효율을 테스트하는 데 실패했다. 이 책의 분석과 몇몇 기존 연구들의 분석은 현재의 교토의정서가 환경적 근거에 심각한 결함이 있으며 비효율적으로 설계되었고 효과가 없을 가능성이 높음을 보여준다. 예를 들어 현재의 교토의정서에서는 탄소가격이 유럽에서 상대적으로 높고 미국과 개발도상국에서는 0에 이르는 등 나라마다 다르다. 게다가 적용 대상국가에서도 일부 분야가 다른 분야에 비해 선호되며 시간에 따른 효율적인 배분을 보장하는 메커니즘이 없다. 우리는 현재의 교토의정서가 미국의 참여 없이는 극도로 취약하며 비효율적이라고 평가한다. 이는 기후 피해를 줄이는 데 있어 최적 정책의 약 0.02%만 효과가 있을 뿐이며 여전히 상당한 감축 비용을 수반한다. 미국이 현재의 교토의정서에 참여한다고 해도 이러한 접근방식은 지구온난화를 늦추는 데 있어서 미미하게 기여할 뿐이며 이후로도 매우 비효율적일 것이다.

우리는 독일 정부가 2007년에 제안한 정책, 앨 고어의 제안, 그리고 「스턴 보고서Stern 2007」의 목표를 적용하여 작성된 제안 등 몇 가지 '야심적인' 정책들도 분석했다. 예를 들어 미국에 대한 고어의 2007년 제안은 2050년까지 현재 CO_2 배출량의 90%를 감축하는 것이었고, 독일의 2007년 제안은 2050년까지 전 세계 CO_2 배출량을 1990년의 50%로 제한하는 것이었다. 이러한 제안들은 현재의 교토의정서와는 정반대 문제를 지니고 있다. 즉 단기적으로 급격한 배출 감축을 진행하기 때문에 비효율적이라는 것이다. DICE 모델에 따르면 이러한 제안들은 탄소세가 향후 20년 동안 톤당 300달러까지 오르고 21세기 중반에는 톤당 600달러에서 800달러까지 오른다는 의미이다. 앞의 사례로 돌아가보면 탄소세 700달러는 미국의 석탄발전 전기 가격을 약 150% 인상시킬 것이고, 현재의 CO_2 배출량 수준에서 미국 경제에 세금 1200억 달러를 부과할 것이다. 경제적 관점에서 볼 때 이처럼 높은 탄소세는 주어진 기후 목표를 달성하는 데 필요한 것보다 훨씬 비싸다는 점이 증명될 것이다.

우리의 모델링 결과는 온실가스 감축 프로그램에 대한 보편적 참여의 중요성을 일깨운다. 초기 감축에 대해서는 한계비용이 매우 낮지만 더 많이 감축하려면 탄소 배출 감축 비용이 급상승하는 구조 때문에, 더욱 많은 부문과 국가를 온전히 포함하지 않으면 상당한 초과비용이 발생한다. 우리는 참여율이 50%일 경우 100%와 비교하여 감축 비용이 250% 늘어날 것이라고 추정한다. 전 세계 배출량의 3/4를 차지하는 최상위 15개국과 지역이 참여한다고 가정해도 약 70%의 추가 비용이 예상된다.

우리는 탄소연료를 저렴하고 환경친화적으로 대체하는 방식이 매우 유익할 것이라고 판단했다. 다시 말해 저비용 백스톱 기술이 상당한 경제적 혜택을 가져올 것이다. 이러한 저비용 제로탄소 기술은 기후변화에 따르는 전 지구적 피해를 대부분 회피할 수 있게 해주므로 현재 가치로 환산할 때 약 17조 달러의 순가치를 가질 것이라 추정된다. 물론 현재로서는 그러한 기술이 존재하지 않으며 우리는 그에 관해 추측할 수 있을 뿐이다. 그 기술은 저비용 태양열 에너지, 지열 에너지, 비파괴적 기후공학 또는 유전공학으로 만들어진 탄소 흡수 나무일 수도 있다. 이러한 기술 중에 현재 실현 가능한 것은 없지만, 제로탄소 대체물의 순가치는 초집중적인 연구가 필요할 정도로 막대하다.

탄소가격 인상의 필요성

경제학은 기후변화 정책에 대한 한 가지 근본적인 불편한 진실을 담고 있다. 즉 지구온난화 둔화 효과를 거두려면 어떤 정책이든 간에 탄소의 시장가격을 올려야 하며, 이는 화석연료 가격과 화석연료로 생산한 재화의 가격이 오르는 결과로 이어진다. 가격은 이용 가능한 탄소 배출허용 수치를 제한(총량거래제)하거나 탄소 배출 세금(좀더 완곡하게 표현하자면 '기후 피해 비용')을 부과함으로써 올릴 수 있다. 경제학은 우리에게 희망, 신뢰, 책임 있는 시민의식, 환경윤리 혹은 죄책감만으로 배출량의 대폭적인 감축이 이루어지기를 바라는 것은 비현실적이라고 알려준다. 수백만 개의 기업, 수십억 명의 사람, 수조 달러의 지출이 관련된 매우 거대한 분야에 지속적으로 상당한 영향을 끼칠 유일한 방법은 탄소 배출 가격을 올리는 것뿐이다.

탄소가격을 올리면 네 가지 목표를 달성할 수 있다. 첫째, 소비자들에게 어떤 재화와 서비스가 고탄소이며 따라서 좀더 적게 사용되어야 하는지 알려줄 것이다. 둘째, 생산자들에게 어떤 원료가 탄소를 더 많이 사용하고(석탄이나 석유) 어떤 원료가 적게 또는 전혀 사용하지 않는지(천연가스나 원자력) 알려주어 기업들이 저탄소 원료로 대체하도록 유도할 것이다. 셋째, 발명가와 혁신가 들에게 현재 기술을 대체할 탄소 제품과 공정을 개발하고 도입하도록 시장 동기를 부여할 것이다.

넷째 목표가 가장 중요한데, 높은 탄소가격은 앞의 세 가지 목표를 수행하는 데 필요한 정보를 간소화해줄 것이다. 높은 탄소가격은 시장 메커니즘을 통해 탄소 함량에 비례하여 재화 가격을 올릴 것이다. 오늘날 윤리적 소비자들은 자신의 '탄소 발자국'이 최소화되기를 바라지만, 예를 들어 400킬로미터를 비행하는 경우와 400킬로미터를 운전하는 경우 배출되는 상대적 탄소량을 정확하게 계산하는 것은 거의 불가능하다. 탄소세를 조화시키면 재화 생산의 모든 단계에 배출되는 CO_2의 양에 정확히 비례하여 재화 가격을 올릴 수 있다. 만

약 밀을 재배, 제분, 운송하고 빵 한 덩어리를 굽는 데 탄소가 0.01톤 배출된다면 탄소 1톤당 30달러의 세금은 빵 가격을 0.3달러 인상할 것이다. '탄소 발자국'은 가격 시스템에 따라 자동으로 계산된다. 소비자들은 여전히 탄소 배출 가격이 얼마인지 알 수 없지만, 자신의 탄소 발자국에 대해 사회적 비용을 지불한다는 확신을 가질 수 있다.

세금은 정치적으로 인기가 없기 때문에, 탄소 배출 가격 인상보다는 '청정' 기술이나 '친환경' 기술에 대한 보조금 활용이 더 유혹적이다. 하지만 이는 경제적·환경적으로 피해야 할 올가미다. 근본적인 문제는 보조금을 지급하기엔 청정 활동이 너무 많다는 것이다. 시장용 자전거부터 비시장용 보행수단에 이르기까지 사실상 모든 것이 차량 운행보다는 탄소 집약도가 낮다. 탄소 배출량이 적은 모든 활동에 보조금을 지급하기에는 재원이 턱없이 부족하다. 설사 재원이 충분하다 해도 특정 활동에 적절한 보조금을 계산하는 일은 끔찍하게 복잡할 것이다. 또 하나의 문제는 보조금의 존재가 혜택을 받기 위한 무질서한 경쟁—지대추구 활동의 환경적 형태—을 부추긴다는 것이다. 귀중한 농업자원을 비효율적 에너지 생산에 낭비하여 급속히 경제적 악몽으로 변해가고 있는 미국의 에탄올 보조금은 보조금 정책의 어리석음을 보여주는 대표적 사례다. 보조금은 기껏해야 배출량을 줄여서 자신의 활동을 정돈할 책임이 있는 사람들이 재정 부담을 다른 곳에 전가하려는 시도일 뿐이다. 결국 보조금은 공적 자금을 세금으로 충당함으로써 세금 체계의 비효율성을 증가시키는 문제를 지니고 있다.

하지만 지구온난화와의 싸움에서 보조금을 피해야 한다는 일반적 규칙에는 예외도 있다. 발명, 혁신, 교육 등의 활동―공공의 적이 아니라 공공의 선인―에 정부 자금이나 세제 혜택을 지원하는 것은 경제적으로 적절하다. 예를 들어 에너지과학 기초연구에 정부 자금을 투입하고 연구개발에 세제 혜택을 제공하는 것은 보조금 접근방식의 적절한 활용이다. 그러나 이는 화석연료 연소 같은 유해 활동의 경제적 상쇄작용일 뿐이다.

누군가가 지구온난화 문제를 진지하게 다루고 있는지 여부는 그가 탄소가격에 관해 하는 말을 들어보면 쉽게 가늠할 수 있다. 지구온난화의 위험을 소리 높여 말하고 기후변화를 둔화시키기 위해 국가가 시급히 움직여야 한다고 제안하는 공인이 있다고 가정해보자. 그가 자동차 연료 효율을 규제하거나 고효율 전구를 요구하거나 에탄올에 보조금을 지급하거나 태양에너지 연구를 지원할 것을 제안한다고 가정해보자. 하지만 그런 제안은 탄소가격 인상과는 전혀 무관하다. 당신은 그런 제안이 사실상 진지하지 않으며 기후변화를 둔화시킬 방법에 관련된 핵심적·경제적 메시지를 인식하지 못한 것이라고 결론 내려야 한다. 개략적으로 말하자. 탄소가격을 올리는 것이야말로 지구온난화에 대처하기 위해 필요 충분한 조치다. 나머지 조치는 기껏해야 미사여구일 뿐이며 사실상 경제적 비효율성을 유발하는 해로운 조치일 수도 있다.

탄소세 및 가격형 접근방식의 장점

효과적인 기후변화 정책이 탄소 배출의 시장가격을 인상하도록 요

균형의 문제

구한다면, 그렇게 하기 위한 두 가지 대안적 접근방식이 있다. 첫번째는 탄소세 등 가격형 접근방식이고, 두번째는 교토의정서를 비롯한 대부분의 정책 제안에서 제시하는 총량거래제 같은 양적 접근방식이다.

여기서 잠시 멈추고 가격형 대안을 위한 국제적 시스템을 설명할 필요가 있다. 한 가지 접근방식은 '조화된 탄소세'라고 불린다. 이 방식에 따르면 모든 국가는 국제적으로 조화된 탄소가격 또는 탄소세를 통해 모든 분야의 탄소 배출에 불이익을 가하는 데 동의하게 된다. 탄소가격은 온실가스 농도나 온도 변화를 기후 시스템에 '위험한 간섭'(이는 유엔 기후변화협약에서 국제적 기후정책의 목표로서 사용되는 용어다)을 촉발할 것으로 판단되는 수준 이하로 제한하기 위해 필요한 가격 추정치에 따라 결정될 수 있다. 또는 추정된 '최적' 수준의 통제를 유도하는 가격으로 결정될 수도 있다. 앞에서 말한 바와 같이, 이 책의 결론은 현재 탄소 1톤당 약 27달러의 세금을 매기고 실질적으로 매년 2~3%씩 상승시킬 것을 제안한다. 탄소가격이 국가와 분야 간에 평준화되기 때문에, 이러한 접근방식은 공간적 효율을 충족시킬 수 있을 것이다. 또한 탄소세 경로가 적절한 속도로 상승한다면 시간적 효율에 대한 원칙도 충족시키게 될 것이다.

우리는 두 가지 시스템의 상대적 장점을 검토한 후 가격형 접근방식이 많은 장점을 갖고 있다는 결론을 내렸다. 탄소세의 한 가지 장점은 배출량 감축에 따른 경제적 비용과 편익을 보다 쉽고 유연하게 통합할 수 있다는 것이다. 교토의정서의 양적 접근방식은 독일의 2007년 제안과 같은 몇몇 최근 개정안에서 지구온도 목표와 연계되어 있지만, 궁극적인 환경·경제 목표와는 뚜렷한 관련성이 없다. 이러한 영역의 큰 불확실성과 계속 진화하는 과학 지식은 가격형 접근방식의 장점을 뚜렷이 강조한다. 배출세는 비용 대비 편익의 상대적 선형성 때문에 대규모 불확실성에 직면했을 때 더욱 효율적이다. 이미 EU의 CO_2 총량거래제에서 보았듯이, 양적 제한은 배출량 목표 접근방식하에서 탄소 시장가격에 높은 변동성을 야기할 것이다.

또한 세금형 접근방식은 할당형 양적 접근방식에 비해 대중이 배출 제한을 활용하여 더 쉽게 수익을 얻도록 해주며, 따라서 더 공정하게 느껴질 수 있고 세금 시스템으로 인한 왜곡도 최소화할 수 있다. 세금은 정부 수익을 증가시키므로(반면에 할당형은 할당받는 자에게 수익이 주어진다) 이러한 공공 수익은 저소득 가구에 대한 경제적 영향을 완화시키는 데 사용될 수 있으며, 저탄소 에너지 개발에 필수적인 연구 자금을 대고 가난한 나라들이 고탄소연료에서 벗어나도록 돕는 데도 사용될 수 있다. 게다가 세금형 접근방식은 양적 제한에 비해 부패와 재정적 속임수의 가능성을 줄여주는데, 가격형 접근방식은 지대추구 행위를 조장하는 인위적 희소성을 초래하지 않기 때문이다.

최근 교토의정서를 발전적으로 계승하기 위해 논의되는 여러 협약들이 배출 허가의 일부 또는 전부를 경매에 부치자고 제안한다는 점에 주목할 필요가 있다. 이것이 중요한 혁신인 이유는 경매가 수익을 증가시키고 따라서 탄소세의 세금 효율에 유익한 영향을 미칠 수 있기 때문이다. 더구나 조세 체계에는 면제를 허가하려는 경향이 있으므로 환경적 완결성과 비용 효율이 낮아졌고, 한 국가 내에서의 포괄적 구축에 있어서는 양적 시스템이 더 성공적인 경우가 종종 있었다. 여기서 강조해야 할 핵심은 양적 접근방식과 세금형 접근방식 중 어느 쪽을 택하든 대중이 세금이나 경매로 수익을 얻어야 하며, 면제는 반드시 최소한에 그쳐야 한다는 점이다.

탄소세는 세계 경제가 CO_2 농도 제한이나 지구온도 제한 같은 특정한 기후 목표를 지향하도록 이끌지 않는다는 명백한 단점을 가지고 있다. 사람들은 지구가 기후 시스템의 '위험한 간섭'으로부터 안전한 영역에 머물게 하려면 양적 배출 제한이 필요하다고 우려할 수도 있다. 하지만 이러한 양적 제한의 이점은 아마도 환상에 불과할 것이다. 현재 우리는 어느 정도의 배출 수준이 실제로 위험한 간섭을 일으키는지, 혹은 위험한 간섭이 정말로 존재하는 것인지 여부도 알 수 없다. 우리는―높은 측면에서든 낮은 측면에서든―큰 실수를 저지를 수도 있고, 너무 엄격하고 비싼 세금이나 너무 느슨한 양적 제한을 부과할 수도 있다. 다시 말해 우리가 어떤 초기 목표를 설정하든 세금이나 배출량은 부정확한 것으로 판명될 가능성이 높다. 주된 문제는 조화된 탄소세나 협의된 배출한도를 잘못 설정한 경우 주기적으로 대규모 조정을 가하는 것이 과연 더 쉬울지 여부다.

우리는 총량거래제 같은 양적 접근방식에 의존하기보다 기후변화 정책에 가격형 요소를 포함시키는 데 중점을 두어야 한다고 결론을 내렸다. 두 접근방식의 중간지대는 '총량 및 세금'이라고 불리는 혼합형 시스템으로, 이 시스템에서 양적 제한은 지나치게 높은 탄소가격을 방지하는 안전장치를 갖춘 탄소세로 보완된다. 혼합형 계획의 예로는 초기 탄소세가 톤당 30달러인 총량거래제하에서 기업이 탄소 1톤당 45달러의 부과금으로 추가 배출권을 구매할 수 있게 하는 시스템을 들 수 있다. 이러한 혼합형 계획은 가격형 접근방식과 양적 접근방식의 장점을 결합시킬 것이다.

유익함보다는 유해함에 과세

미국의 정치용어 사전에서 세금은 거의 육두문자에 가깝다. 그러나 세금에 관한 논의에서는 서로 다른 종류의 세금을 구별하지 못하는 근본적인 실수가 종종 나타난다. 어떤 사람들은 세금이 경제적 비효율을 초래하기 때문에 탄소세에 반대한다고 주장해왔다. 이러한 분석은 소비, 노동, 저축같이 '유익한 활동'에 부과하는 세금에 대해서는 대체로 옳지만 CO_2 배출같이 '유해한 활동'에 부과하는 세금에 대해서는 옳지 않다.

노동에 부과하는 세금은 얼마나 일하고 언제 은퇴해야 하는지에 대한 사람들의 의사결정을 왜곡시키며, 이러한 왜곡은 경제에 상당한 부담이 될 수 있다. CO_2 배출 같은 유해함에 대한 세금은 정반대다. 이러한 세금은 유해하거나 낭비적인 활동에 대한 암묵적 보조금을 삭감하는 역할을 한다. 사람들이 CO_2를 자유롭게 배출할 수 있게 허용하는 것은 붐비는 방에서 담배를 피우거나 국립공원에 쓰레기를 버리도록 허용하는 것과 비슷하다. 따라서 탄소세는 사람들이 에너지 소비의 외부효과를 고려하지 않을 때 발생하는 시장 왜곡을 시정하여 효율성을 높여준다. 만약 경제를 통해 음식이나 레저같이 유익한 재화에 부과하는 비효율적인 세금을 탄소 배출같이 유해한 재화에 부과하는 효율적인 세금으로 대체할 수 있다면 경제 효율에 상당한 개선이 이루어질 것이다.

두 가지 주의사항

우리는 두 가지 주의사항으로 이 장을 마무리하고자 한다. 첫째, 이 책이 기후변화에 접근하는 방식에 있어 한 가지 관점만을 제시한다는 것을 인식할 필요가 있다. 경제를 통해 대안적인 접근방식을 검토한다는 면에서 제한된 관점이며, 인식의 한계와 개별 연구에 관련된 편견을 가진 개인의 시야를 반영하기 때문에 더욱 협소한 관점이다. 세상에는 지구온난화를 늦추기 위한 접근방식을 분석하는 다양한 관점들이 존재한다. 이러한 관점들은 규범적 가정, 추정된 행동구조, 과학적 데이터 및 모델링, 통합 정도, 불확실성을 다루는 방법 및 학문적 배경에 있어서 각자 다르다. 현명한 정책 입안자는 단 하나의 모델, 단 하나의 컴퓨터 시뮬레이션, 단 하나의 관점이나 국가적·윤리적·학문적 관점에 지구의 미래를 맡기지 않을 것이다. 합리적인 의사결정을 내리려면 강력하고 다양한 대안적 시나리오와 민감도 분석이 필요하다. 그러나 이는 개별 학자의 역할이 아니라 위원회와 패널의 역할이다.

두번째 주의사항은 지구온난화 모델링의 모든 단계에서 나타나는 상당한 불확실성에 관한 것이다. 21세기와 그 이후의 생산력 발전에 대한 우리의 지식은 불확실하다. 향후 수십 년 동안 개발될 에너지 시스템, 탄소연료 대체나 탄소 제거의 기술적 변화속도, 온실가스 농도 증가에 따른 기후 반응, 그리고 특히 중요할 기후변화에 따른 경제적·생태학적 반응에 대해서도 마찬가지다.

이 책은 불확실성에 대해 기대효용 모델이라고 알려진 경제적 표준 접근방식을 취하는데, 기대효용 모델은 주관적 확률 또는 판단적 확률에 따른 평가에 의존한다. 이러한 접근방식은 주요 변수의 수준과 불확실성에 대해 이용 가능한 최상의 정보를 활용하여, 불확실성이 우리의 정책을 '최선의 추측' 정책과 비교할 때 어떻게 변화시킬 수 있는지 결정한다. ('최선의 추측'이란 파라미터의 평균값 또는 기댓값에 기초하여 만든 모델의 줄임말이다.) 이 접근방식은 인류를 멸종시키거나 인류 문명의 구조를 파괴할 만큼 재앙적인 결과는 없다고 가정한다. 잠재적으로 재앙에 가까운 결과의 가능성을 추정하고 다루는 것은 자연과학과 사회과학에서 지속적으로 다뤄야 할 주요 연구대상 중 하나다.

기대효용 모델에 기초한 이 책의 불확실성 분석에서 나온 한 가지 결론은, 최선의 추측 정책이 기댓값 정책에 대한 좋은 근사치라는 것이다. 앞 단락에서의 재앙적 결과에 관한 주의사항을 제외하면, 평균적으로 정당화될 수 있는 것 이상의 미래 불확실성에 심각한 위험 프리미엄을 지불하는 것은 경험적 근거가 없어 보인다.

동시에 우리는 불확실성에 대한 형태분석에 근거하여, 2050년 이후의 예측에 대한 신뢰도가 상대적으로 낮다는 것을 강조하고자 한다. 예를 들면 불확실성 분석에서 우리는 다양한 파라미터와 시스템에 관련된 과학적·경제적 불확실성에 근거하여 여러 변수에 따른 '2

시그마' 오차범위(우리가 판단하기에 68%의 신뢰도로 참값이 존재한다고 여겨지는 범위다)를 예측한다. 우리는 2100년까지 지구 평균온도 상승의 2 시그마 오차범위가 1.9°C에서 4.1°C라고 추정한다. 이와 비슷하게 베이스라인 예측에서 현재 탄소의 사회적 비용에 대한 추정치는 탄소 1톤당 10달러에서 41달러 사이에 있다. 이처럼 광범위한 불확실성은 기후변화를 다루는 데 있어서 가장 어려운 특징 중 하나다.

이 책의 최종 메시지는 간명하다. 지구온난화는 저절로 해결될 수 없는 심각한 문제라는 것이다. 각국은 지구온난화를 늦추기 위해 협력 조치를 취해야 한다. 더는 지체할 여유가 없다. 가장 생산적이고 효과적인 접근방식은 온실가스 배출, 특히 화석연료 연소에 따른 CO_2 배출에 국가들이 조화된 가격—아마도 상당히 높은 가격—을 매기는 것이다. 다른 조치들이 이 정책을 유익하게 뒷받침할 수도 있겠지만, 탄소에 거의 보편적이고 조화된 가격 혹은 세금을 부과하는 것이야말로 지구온난화라는 미래의 위협에 대처하기 위한 필요조건이며 어쩌면 충분조건일 수 있다.

제 2 장

DICE 모델의 배경 및 설명

지구온난화의 일반적 배경

모델링 세부사항에 들어가기 전에, IPCC의 「기후변화 2007: 물리학적 근거」(IPCC 2007b)에서 검토한 바와 같이 지구온난화에 대한 우려의 과학적 근거를 간단히 살펴보는 게 유용할 것이다. 대기중 온실가스(GHG)의 축적으로 향후 수십 년과 그 이후에 걸쳐 상당한 기후변화가 일어날 것으로 예상된다. 산업적 온실가스의 대부분은 이산화탄소(CO_2), 메탄, 오존, 질소산화물, 프레온가스(CFC)다.

가장 중요한 온실가스인 CO_2의 배출량은 최근 수십 년 동안 급격히 증가했다. 2005년의 CO_2 대기농도는 380ppm으로 과거 65만 년의 범위(180~300ppm 사이로 추정)를 크게 웃돈다. 현재의 여러 기후모델들로 계산해보면 산업화 이전 수준과 비교하여 대기중 CO_2 또는 이에 상당하는 기체의 양을 두 배로 증가시킬 경우 지구 표면 온도가 평형상태에서 2.0~4.5℃ 상승하게 되며, 최선의 추정치는 약 3°

C다. IPCC가 사용하는 모델과 배출 시나리오 들은 21세기에 걸쳐 1.8~4.0°C의 광범위한 온도 변화를 산출한다. 그 밖에도 예측되는 영향으로는 강수량과 증발량 증가, 허리케인 같은 극단적 기상이변 증가, 금세기 동안 해수면의 0.2~0.6m 상승이다. 또한 몇몇 모델은 미국 중서부 등 대류 중심지역의 덥고 건조한 기후 같은 지역적 변화를 예측한다. 실제로 기후 모니터링 데이터는 지구온난화가 과학적 예측대로 진행되고 있음을 보여준다.[1]

과학자들이 지구온난화를 분석해온 지 반세기가 넘었지만, 각국은 약 15년 전에야 유엔 기후변화협약에 따라 지구온난화를 늦추기 위한 첫번째 공식 조치를 취했다. 2005년에 최초의 구속력 있는 기후변화 국제협약인 교토의정서가 발효되었고, 이제 배출량 감축 1차 기간인 2008~2012년이 임박했다. 교토의정서를 이행하기 위한 구조는 유럽연합의 배출권 거래 제도(EU ETS; European Commission 2006)에 가장 견고하게 제도화되어 있으며, 이는 유럽 CO_2 배출량의 거의 절반을 차지한다.[2]

성공적인 이행에도 불구하고, 교토의정서는 문제가 많은 협약으로 널리 인식되고 있다. 초기의 문제점은 주요 개발도상국들을 포함시키지 못한 것, 새로운 나라들을 포함시키기 위한 합의된 메커니즘의 결여, 그리고 단일 기간에 제한된 합의로 나타났다. 가장 큰 타격은 2001년 미국이 조약에서 탈퇴했을 때 일어났다. 최초의 교토의정서에는 1990년 세계 배출량의 66%가 포함되었지만, 이 수치는 2002년 미국의 탈퇴와 합의에서 제외된 국가들(주로 개발도상국들)의 급속한 경제 성장 때문에 32%로 감소했다. 교토의정서의 엄격한 집행은 주로 EU ETS에 속한 국가와 산업에서 나타날 가능성이 높으며, 오늘날 그들의 배출량은 전 세계 총량의 약 8%에 불과하다. 기후 모델들은 현재의 협약이 현재 배출량 수준에서 연장되면 지구 기후변화 추세에 거의 영향을 미치지 못할 것임을 보여준다.[3]

이제 각국은 2008~2012년 이후의 기후변화 정책 구조를 고려하기 시작했다. 몇몇 국가와 주, 도시, 기업, 심지어 대학도 독자적인 기후변화 정책을 채택하고 있다. 미국 주정부들이 채택하거나 미국 연방정부가 고려하고 있는 대부분의 지구온난화 정책은 배출 제한과 기술 표준을 혼합한 것이다. 그렇다면 이러한 장기적 문제에 있어서 교토의정서가 실현 가능한 장기적 접근방식일까? 지구온난화를 더 효율적으로 늦출 수 있는 대안은 존재할까? 대안적 접근방식의 비용과 이점은 무엇일까? 나는 이 책에서 이러한 질문들을 다룰 것이다.

DICE-2007 모델의 경제학적 요소

이 책에서는 DICE-2007 모델을 설명하고 상세한 방정식을 제시한다.[4] DICE 모델은 신고전주의 경제 성장 이론의 관점에서 기후변화의 경제를 바라본다. 이러한 접근방식에서 경제는 자본, 교육, 기술에 투자하고 미래의 소비를 늘리기 위해 현재의 소비를 억제하게 된다. DICE 모델은 기후 시스템의 '자연자본'을 추가 자본으로 포함시킴으로써 이 접근방식을 확장한다. 다시 말해 우리는 온실가스 농도를 마이너스 자연자본으로, 배출 감축을 자연자본량을 증가시키는 투자로 볼 수 있다. 경제주체들은 배출 감축에 전력을 기울임으로써 현재의 소비를 줄이지만 경제적으로 해로운 기후변화를 방지하여 미래의 소비 가능성을 높인다.

DICE 모델은 여러 국가를 단일한 생산, 자본, 기술, 배출 수준으로 통합하는 전 지구적 모델이다. 전 지구적 통합의 추정치는 모든 주요 국가가 포함된 데이터로부터 구축되며, 이러한 특징은 차별화된 대응과 기술적 성장을 가능케 한다. 질리 양Zili Yang과 협력하여 동시 진행한 연구는 DICE 모델의 다중 지역 버전에 집중한다. 이러한 분석도구를 RICE 모델(Regional Integrated model of Climate and the Economy: 기후 및 경제의 지역통합 모델)이라고 부른다. DICE 모델의 장점은 기본 추세와 상충관계를 상당히 정확하게 포착할 수 있고 기초 모델이 훨씬 투명하며 연구자들이 쉽게 수정할 수 있다는 점이다.

DICE 모델에서는 세계에 서로 다른 소비 경로를 서열화하는 '사회후생 함수social welfare function'로 대표되는 일련의 잘 정의된 선호도가 존재한다고 가정한다. 사회후생 함수에서 각 세대의 일인당 소비는 증가하고 있으며 소비 한계효용은 감소하고 있다. 한 세대에서 일인당 소비의 중요성은 인구 규모에 달려 있다. 다양한 세대의 상대적 중요성은 두 가지 중심 규범 파라미터, 즉 순 시간선호율과 소비 한계효용(단기적 '소비탄력성')에 영향을 받는다. 이 두 가지 파라미터는 상호작용을 통해 재화에 대한 할인율을 결정하며, 이는 시점 간의 경제적 선택에 매우 중요하다. 우리는 파라미터가 모델링에서 이자율과 자본수익률이 반영하는 경제적 관찰 결과와 일치하도록 설정했다.

소비 경로는 경제적 관계와 지구물리학적 관계 양쪽 모두에 제한된다. 이 모델에서 경제에는 두 가지 주요 결정 변수가 있는데, 물리적 자본의 전반적 저축률과 온실가스 배출 통제 비율이다.

우리는 자본 축적에 관한 표준적인 신고전주의 의사결정으로 시작하여 지구물리학적 제한을 고려한다. 여기에는 소비나 투자에 사용할 수 있는 단일 재화가 존재한다. 소비는 음식과 주거지뿐만 아니라 비시장적 환경시설과 서비스도 포함하는 광범위한 관점에서 보아야 한다. 각 지역에는 자본과 노동의 초깃값과 지역별로 특정한 초기 기술 수준이 부여된다. 인구 증가와 기술 변화는 지역에 따라 다르고 외생적이지만 자본 축적은 시간에 따른 소비 흐름을 최적화함으로써 결정된다. 지역별 생산량과 자본은 구매력지수(PPP, Purchasing Power Parity) 환율을 이용하여 집계한다.

생산량은 자본, 노동, 에너지의 콥-더글라스 생산함수에 따라 산출된다. 에너지는 탄소기반 연료(석탄 등) 또는 비탄소기반 기술(태양에너지, 지열에너지, 원자력 등)의 형태를 취한다. 기술 변화는 경제 전반에 걸친 기술 변화와 탄소절약 기술 변화라는 두 가지 형태를 취한다. 탄소절약 기술 변화는 생산량에 따른 CO_2 배출 비율을 감소시키는 것으로 모델링된다. 이러한 두 가지 기술 변화는 현재 버전의 DICE 모델에서 외생적 요소다. 이는 특히 탄소절약 기술 변화에 있어서 중요한 제한이다. 탄소가격 변화가 새로운 에너지 기술에 대한 연구개발을 유도할 가능성이 높기 때문이다. 그러나 유도된 기술 변화의 강력한 모델링은 매우 어려운 것으로 판명되었고, 현재까지 DICE 모델의 신뢰할 만한 모델링 명세서는 개발되지 않았다.

탄소연료는 공급이 제한되어 있다. 탄소자원이 고갈되거나 탄소 배출 제한 정책이 취해지기 때문에 시간이 지남에 따라 탄소기반 연료가 비싸지면서 탄소연료를 비탄소연료로 대체하는 상황이 발생한다. 이번 버전 DICE 모델의 새로운 특징 하나는 비탄소에너지를 위한 백스톱 기술을 명시적으로 포함한 것이다. 이 기술은 상대적으로 비싸지만 시간이 지남에 따라 낮아지는 가격으로 모든 탄소연료를 완전히 대체할 수 있게 해준다.

지구물리학적 요소

DICE 모델의 차별화된 주요 특징은 기후변화에 영향을 미치는 다른 요소들과 경제를 연결하는 몇 가지 지구물리학적 관계식을 포함시킨 것이다. 여기에는 탄소순환, 복사강제력 방정식, 기후변화 방정식 및 기후 피해 관계식이 포함된다.

DICE-2007 모델에서 통제 대상인 온실가스는 산업용 CO_2뿐이다. 이는 CO_2가 지구온난화의 주요 원인이며 기타 온실가스는 각각 다른 방식으로 통제될 가능성이 있다는 견해를 반영한다(프레온 가스가 그런 사례에 해당한다). 기타 온실가스는 복사강제력의 외생적 추세로 포함된다. 여기에는 주로 토지 이용 변화에 따른 CO_2 배출, 기타 잘 혼합된 온실가스 및 에어로졸이 포함된다.

CO_2 배출은 총생산량, 시간별 배출-생산량 비율, 배출-통제 비율의 함수로 표현된다. 배출-생산량 비율은 지역별로 추정된 후 전 지

구적 비율로 집계된다. 배출-통제 비율은 검토중인 기후변화 정책에 따라 결정된다. 배출 감축 비용은 이에 관한 최근 연구에 따라 보정된 로그선형 함수에 의해 파라미터로 설정된다.

탄소순환은 기존의 탄소순환 모델과 과거의 데이터에 따라 보정된 세 가지 저장소 모델에 기초한다. 우리가 가정하는 세 가지 탄소저장소는 대기, 상층해양과 생물권의 빠르게 혼합되는 저장소, 심해다. 탄소는 인접한 저장소 사이에서 양방향으로 흐른다. 심해와 다른 저장소 간의 혼합은 매우 느리다.

기후 방정식은 복사강제력 방정식과 기후 시스템에 대한 두 가지 방정식을 포함하는 단순화된 표현식이다. 복사강제력 방정식은 온실가스 축적이 지구의 방사선 균형에 미치는 영향을 계산한다. 기후 방정식은 각 시간단계에서 지구 표면의 평균온도와 심해의 평균온도를 계산한다. 이 방정식들은 대기와 해양 시스템의 대규모 일반 순환 모델에 따라 도출되고 보정된다. 이러한 방정식들의 구조는 파라미터가 업데이트되고 타이밍이 개선되긴 했어도 이전 DICE 모델에서 크게 변경되지 않았다.

마지막 관계식은 기후변화의 경제적 영향과 관련이 있으며 기후변화의 경제학에서 가장 어려운 문제다. 경제적 영향의 추정은 비용이 많이 드는 배출 감축과 기후 피해 간의 적절한 균형에 대해 합리적인 결정을 내리는 데 필수 요소다. 그러나 장기적 기후변화에 따른 피해의 신뢰할 만한 추정치를 제공하는 것은 매우 어려운 일로 밝혀졌다. 이 책은 기존의 피해를 통합한 추정에 의존하지만 최신 정보를 반영하여 업데이트했다. 기본 가정은 점진적인 소규모 기후변화의 피해는 적지만 기후변화 정도에 따라 비선형적으로 증가할 수 있다는 것이다. 또한 이 추정치는 부유한 국가, 큰 국가, 중위도 국가의 피해보다 가난한 국가, 작은 국가, 열대지역 국가의 피해가 상대적으로 더 심각할 가능성이 높다고 상정한다.

제 3 장

DICE-2007 모델 방정식 도출

이 장에서는 DICE-2007 모델의 수학적 구조를 제시한다. 목적함수 (objective function)로 시작한 다음 경제적 관계식을 제시하고 지구물리학 방정식으로 마무리할 것이다. RICE-DICE 모델의 마지막 세대 이후 있었던 주요 변화는 이 장 후반에 설명되어 있다. DICE-2007 모델의 방정식은 부록에 나열되어 있다. 우리는 이 논의를 진행하면서 부록의 방정식들을 참조할 것이다.

　기술적 설명을 시작하기 전에, 우리의 연구가 주로 IPCC의 3차 평가보고서에 기초했지만 IPCC의 획기적인 4차 평가보고서가 발표되기 전에 진행되었다는 점에 유의할 필요가 있다. 모델링 일부는 '정책 입안자를 위한 요약'(IPCC 2007a)에서 정보를 얻었으며 과학에 관한 전체 보고서(IPCC 2007b)는 최종안이 작성되기 전에 검토했다. 최종안에 들어 있는 영향과 감축에 관한 전체 보고서는 활용할 수 없었다.

목적함수

DICE 모델은 경제 및 기후 정책이 시간에 따른 소비 흐름을 최적화하도록 설계된다고 가정한다. 소비는 '일반화된 소비'로 해석되며, 여기에는 음식과 주거지 같은 전통적인 시장 재화 및 서비스뿐만 아니라 여가, 건강 상태, 환경 서비스 같은 비시장 항목도 포함된다.

이러한 가정의 수학적 표현은 일인당 소비의 인구 가중 효용을 할인한 합계인 사회후생 함수를 최대화하기 위해 정책을 선택한다는 것이다. 방정식 (A.1)은 목적함수의 수학적 표현식이다. 이러한 수학식은 최적 경제 성장의 현대적 이론에 있어서 표준적이다.

이러한 목적함수의 선택에는 여러 부가적인 가정들이 깔려 있다. 첫째, 소비의 가치나 '효용'에 대한 구체적 표현식이 포함된다. 방정식 (A.3)은 각 기간의 효용이 일인당 소비의 등탄력성^{等彈力性} 함수임을 보여준다. 이러한 형태는 소비 한계효용 α의 고정된 탄력성을 가정한다. 나중에 논의하겠지만 우리는 α를 순 시간선호율에 맞춰 보정한다. 둘째, 이러한 특성은 한 기간의 소비 가치가 인구 모집단에 비례한다고 가정한다. 셋째, 이 접근방식은 방정식 (A.2)에서 정의한 바와 같이 미래 세대의 경제적 후생에 대한 할인을 적용한다. 이런 특성하에서 우리는 사회적 순 시간선호율 p를 세대별 효용의 후생 가중치를 제공하는 할인율로 지정한다. 이 특성은 다음 절에서 설명하는 바와 같이 이전 DICE-RICE 모델의 특성과는 다르다.

DICE 모델에서 균형의 해석에 관해 유의할 점이 있다. 우리는 베이스라인 사례 또는 통제 없는 사례를 특정하여 개념적 관점에서 현재 존재하는 시장 및 정책 요소의 결과를 나타내도록 하였다. 다시 말해 베이스라인 모델은 기후변화 정책 없이 발생할 수 있는 주요 경제적·환경적 변수의 수준과 성장을 긍정적인 관점에서 예측하려는 시도다. 이를 전문적 언어로 표현하면 베이스라인 실행에서 가격과 소득은 '네기시Negishi 가격과 수익'으로, 즉 경쟁시장에서의 균형과 일치하는 가격과 수익으로 해석되어야 한다는 것을 의미한다. 이러한 분석은 기존 조건의 시공간에 있어서 소득분배의 사회적 타당성에 관해 어떠한 사례도 제시하지 못하며, 이를테면 해양생물학자가 해양생물 식습관의 형평성에 관해 도덕적 판단을 내리는 것과 유사하다.

효율적인 기후변화 정책으로 인한 세계 후생의 잠재적 개선을 계산함으로써, 우리는 다양한 시공간에 걸쳐 기존 수익과 투자 분배의 맥락에서 잠재적 개선을 검토한다. 우리가 고려하는 정책보다 인류의 상태를 훨씬 더 개선할 수 있는 다른 개선사항—환경 정책, 군사 정책, 세금 또는 이전 프로그램, 국제원조 프로그램 등—이 있을 수도 있다. 여기서 연구한 분야를 개선한다는 것이 다른 분야나 다른 정책 영역에서의 부정, 불평등, 어리석음을 부정하는 것은 아니다. 그러나 우리는 이 책의 범위를 이미 충분히 복잡한 영역 내로 제한해야 한다.

경제적 변수

다음 일련의 방정식은 시간에 따른 세계 생산량의 발전을 결정한다. 인구와 노동력은 외생적이다. 이는 로그방정식으로 단순화되며, 첫 10년 동안 인구 증가가 주어지고 성장률이 감소하여 총인구가 85억의 한계에 접근하게 된다. 이는 유엔이 장기적으로 예측한 중간 추정치에는 약간 못 미치지만 IIASA(International Institute of Applied Systems Analysis: 국제 응용시스템 분석연구소)의 최근 확률적 추정치에 맞게 보정되었다.[1]

생산은 표준적인 신고전주의 생산함수의 수정으로 표현된다. 기초 모집단과 생산량 추정치는 12개 지역 모델에서 집계한다. 생산량은 국제통화기금(IMF) 추정치를 사용하여 구매력지수(PPP) 환율로 측정한다.[2] 각 지역의 총생산량은 부분수렴 모델을 사용하여 예측된 다음 전 세계 총합으로 집계된다. 지역 및 전 지구적 생산함수는 자본, 노동 및 힉스-중립적 기술 변화에서 규모에 따른 수익이 일정한 콥-더글라스 생산함수인 것으로 가정한다. 전 지구적 집계는 다음과 같은 방정식 (A.4)으로 표현된다.

(A.4) $Q(t)=\Omega(t)[1-\Lambda(t)]A(t)K(t)^{\gamma}L(t)^{1-\gamma}$

생산함수의 추가 변수인 $\Omega(t)$와 $\Lambda(t)$는 기후 피해 및 감축 비용을 나타내며 방정식 (A.5) 및 (A.6)으로 표시된다. 피해함수는 피해가 세계 생산량에 비례하며 지구 평균온도 변화의 다항함수라고 가정한다. 통합 피해 곡선은 12개 지역의 피해 추정치를 기반으로 구성되며 가정된 분야별 변화 및 서로 다른 생산량의 기본 수익탄력성을 포함한다. 여기에는 재해의 잠재 비용 추정치뿐만 아니라 농업 등 주요 분야의 피해, 해수면 상승의 비용, 건강에 대한 부작용, 비시장적 피해 추정치가 포함된다.[3] 이 방정식은 그 기반이 되는 경험적 연구의 기초가 빈약하기 때문에 어디까지나 추측에 그친다.

감축 비용 방정식은 배출 감축 비용이 배출 감축률 $\mu(t)$의 함수인 압축형 모델이다. 감축 비용 함수는 감축 비용이 전 지구적 생산량과 감축률의 다항함수에 비례한다고 가정한다. 비용 함수는 매우 볼록할 것으로 추정되며, 이는 감축 한계비용이 감축률에 따라 0부터 선형적인 접선 이상으로 상승함을 나타낸다.

DICE-2007 모델의 새로운 특징은 모든 화석연료를 대체할 수 있는 백스톱 기술을 명시적으로 포함하고 있다는 점이다. 백스톱 기술은 대기중 탄소를 제거하는 기술일 수도 있고 환경적으로 무해한 다목적 제로탄소 에너지 기술일 수도 있으며 태양열이나 핵을 이용한 수소에너지, 또는 아직 발견되지 않은 에너지원일 수도 있다. 백스톱 기술의 가격은 처음에는 높지만 시간이 지나면서 탄소 저감기술 발전에 따라 하락하는 것으로 가정한다. 백스톱 기술이 도입된 모델은 감축 비용 방정식 (A.6)에서 파라미터의 시간 경로를 통제 비율 100%에서 감축 한계비용이 해마다 방어벽 기술 가격과 동일하도록 설정한다.[4]

다음 세 가지 방정식 (A.7), (A.8), (A.9)은 소비의 정의, 일인당 소비, 자본균형 방정식을 포함하는 표준회계 방정식이다. 경제적 영역의 마지막 두 방정식은 탄소연료에 대한 배출 방정식과 자원 규제 방정식이다. 방정식 (A.10)에서 통제되지 않는 산업용 CO_2 배출량은 탄소 집약도 $o(t)$와 전 세계 생산량을 곱한 값이다. 그다음으로 실제 배출량은 앞에서 설명한 배출 감축률 $\mu(t)$에 따라 감축된다. 탄소 집약도는 외생적인 것으로 간주되고 12개 지역의 배출량 추정치로 구성되지만, 배출 감축률은 다른 실험에서 통제변수가 된다. 방정식 (A.11)은 탄소연료의 총자원에 대한 제한이다. DICE 모델은 추가적 추출비용이 0이라고 가정하고, 탄소연료가 시간 경과에 따라 시장에 의해 최적으로 할당되어 최적의 호텔링 지대Hotelling rent*를 산출한다고 가정한다.

지구물리학 방정식

(A.12)에서 (A.18)까지의 방정식들은 경제활동과 온실가스 배출을 탄소순환과 복사강제력, 기후변화에 관련시킨 것이다. 이러한 관계는 본질적으로 복잡한 역학관계를 경제-지구물리 통합 모델에서 사용할 수 있는 몇 가지 방정식으로 단순화할 필요성 때문에 중요한 과제임이 입증되었다. 경제학과 마찬가지로 지구물리학 관련 모델링에서도 핵심은 이론적 모델의 투명성을 높이고 최적화 모델을 경험적·계산적으로 다루기 쉽도록 간소화한 특성을 적용하는 것이었다.

방정식 (A.12)는 경제활동과 온실가스 배출의 관계를 나타낸다. DICE-2007 모델에서는 산업용 CO_2 배출만이 내생적 요소이다. 다른 온실가스(토지 이용 변화에서 발생하는 CO_2 포함)는 외생적 요소이며 다른 모델링 그룹이 수행한 연구에 기초해 예측된다.

탄소순환은 DICE/RICE-1999의 특성과 유사하게 기존 탄소순

---

* 호텔링 지대: 재생 불가능한 천연자원이 완전히 소진될 때까지 얻어낼 수 있는 최대의 경제적 임대비용.

환 모델을 보정한 세 가지 저장소 모델로 나타낸다. 탄소저장소는 대기, 상층해양과 생물권의 빠르게 혼합되는 저장소, 심해 등 세 가지가 있다. 심해는 광대하지만 유한한 장기적 탄소 흡수계를 제공한다. 세 가지 저장소는 각각 단기간에 잘 혼합된다고 가정하지만, 상부 저장소와 심해 사이의 혼합은 매우 느린 것으로 가정한다. 방정식 (A.13), (A.14), (A.15)는 탄소순환 방정식이다. 이 방정식들은 이전 버전의 지연 구조에 관련된 문제를 해결하기 위해 수정되었다. 우리는 MAGIC-C(Model for the Assessment of Greenhouse Gas induced Climate Change: 온실가스에 따른 기후변화 평가 모델)에서 탄소순환과 부합하도록 파라미터를 조정했다.[5]

다음 단계는 온실가스 축적과 기후변화의 관계를 다룬다. 이 방정식들은 최초의 DICE/RICE 모델과 동일한 설계를 사용한다. 기후 모델을 만드는 학자들은 증가하는 온실가스가 기후 변수에 미치는 영향을 추정하기 위해 매우 다양한 접근법을 개발했다. 전반적으로 기존의 연구 모델은 경제 모델, 특히 최적화에 사용되는 모델에 포함시키기에는 너무 복잡하다. 그 대안으로 우리는 온실가스 농도, 복사강제력, 기후변화 역학 사이의 기본 관계를 포착하는 작은 구조 모델을 채택했다.

온실가스 축적은 복사강제력 증가를 통해 지구 표면 온난화로 이어진다. 온실가스 축적과 복사강제력 증가의 관계식은 방정식 (A.16)에 나타난 바와 같이 경험적 측정과 기후 모델에서 도출된다. 온난화의 주요 부분은 CO_2에 기인하지만 균형은 오랫동안 잔존하는 다른 온실가스, 에어로졸, 오존 및 기타 요인들의 외생적 영향력에 기인한다.

DICE 모델은 다른 온실가스와 영향력 요인들을 외생적인 것으로 취급한다. 왜냐하면 그런 것들은 상대적으로 사소하며(CFC의 경우처럼) 외생적으로 통제되거나(구름의 알베도 효과*처럼) 이해하기 어렵기 때문이다. 우리는 이전의 DICE 모델에서 CO_2에 대한 외생적 영향력 파라미터를 약간 조정했지만 이는 결과에 거의 영향을 미치지 않는다.

그다음 관계식들은 기후 모델이다. 방정식 (A.17)과 (A.18)의 설계는 원래의 DICE/RICE 모델과 유사하다. 더 높은 복사강제력은 대기층을 온난화하고 그다음 점차적으로 상층해양과 심해를 온난화한다. 시스템 지연은 주로 다른 계층의 분산된 관성에 의해 발생한다. 우리는 기후 모델과 임펄스반응 함수를 일치시키기 위해 타이밍을 약간 바꾸었다. 또한 CO_2 두 배 증가에 균형을 맞추기 위해 IPCC 범위의 중심에 대한 기후민감도를 3°C로 조정했다. 타이밍은 IPCC 3차 및 4차 평가보고서에 대한 모델 실험과 일치하도록 보정된다. 파라미터는 강제력이 MAGICC 모델 시뮬레이션과 같은 온도 경로를 21세기 내내 유도하도록 조정된다.[6] DICE 모델 기후모듈은 배출량과 강제력 추정치를 고려할 때 과거의 온도 변화를 과도하게 예측하는 경향이 있지만, IPCC 시나리오에 있어서 MAGICC 시뮬레이션뿐만 아니라 특히 A1F1 같은 높은 배출량 시나리오의 예측치와 일치한다.

---

* 알베도 효과: 태양에서 나온 빛은 대기나 지면에 일부 흡수되고 나머지는 산란이나 반사를 거쳐 여러 방향으로 나아간다. 나아가는 빛의 총량을 투사된 빛의 세기로 나눈 것이 알베도, 즉 반사율이며 이에 따라 일어나는 기온변화를 알베도 효과라고 한다. 오존층 파괴, 온실효과, 먼지나 구름이 대기층을 형성해 기온을 상승시키거나 하강시키는 기후변화 또한 알베도 효과로 인한 것이다.

계산적 고려사항

DICE-2007 모델의 계산은 GAMS 모델링 시스템의 CONOPT 솔버solver를 사용한다.[7] 이는 일반화된 GRG(generalized reduced gradient) 알고리즘을 기반으로 한다. 기본 접근방식은 비선형 방정식을 선형화하는 알고리즘에 선형 프로그래밍 알고리즘을 내장하는 것이다. 이 알고리즘은 그런 해법이 전 지구적 최적치임을 보장하진 않지만, 우리는 수년간의 경험을 통해 이 알고리즘에서 발견한 것이 현재로서는 유일한 해법이라고 판단한다. 여기서 사용되는 모델은 1263개의 방정식과 1381개의 변수를 포함한다. 실행은 3.0GHz 인텔 프로세서를 사용하며 약 30초가 소요된다. DICE 문제는 개념적으로 수학적 최적화 문제이며 자연과학에서 자주 사용되는 표준화된 반복적 시간 단계 문제가 아니라는 점에 유의해야 한다. 최적화는 특별한 도구를 필요로 하며 유사한 규모의 문제에 대한 반복적 계산보다 훨씬 오래 걸린다.

DICE-1999 이후의 개선

DICE-2007 모델은 통합된 전 지구적 역학 모델의 5세대에 해당한다. 이 절에서는 이전 버전, 특히 Nordhaus 1994와 Nordhaus and Boyer 2000에 익숙한 사람들을 위해 주요 개선사항을 설명한다.[8]

• 데이터 입력

모든 경제 데이터 및 지구물리 데이터가 업데이트되었고, 새로운

1차 기간은 2005년을 중심으로 한다. (Nordhaus and Boyer 2000에서) 모델의 최신 전면 개정은 1차적으로 1995년을 전후하여 이루어졌다. 현재 개정 모델의 경제 데이터는 2005년부터의 예비 데이터를 포함한 주요 경제 집계의 IMF 추정치를 사용한다. 에너지 데이터는 세계은행과 미국 에너지정보국(EIA)에서 나왔다. CO_2 배출은 EIA와 CO_2 정보분석 센터에서 나온 것이다. 지구물리 데이터는 주로 고더드 우주연구소와 해들리 센터를 비롯한 여러 출처에서 나왔다. 개정 모델은 IPCC 4차 평가보고서의 일부 결과와 IPCC 3차 평가보고서의 더욱 포괄적인 개정사항을 포함하고 있다. CO_2 배출 데이터는 일반적으로 2004년까지이며, 일부 예비 데이터는 2005년과 2006년에 해당한다. 가격은 2005년 미국 달러로 업데이트되었다. 생산량의 개념적 기반은 시장 환율에서 PPP 환율로 변경되었다.[9]

• 경제 예측 및 배출량 예측에 따른 지역 합산

경제, 배출량 및 영향 추정치는 12개 지역에 기초한 다음 PPP 환율을 사용하여 전 세계 총계에 합산된다. 12개 지역은 미국, 유럽연합, 기타 고소득 국가, 러시아, 동유럽 및 러시아를 제외한 구소련, 일본, 중국, 인도, 중동, 사하라 이남 아프리카, 라틴아메리카 및 기타 아시아 지역이다. 각 지역의 추정치는 가장 큰 71개 국가의 데이터를 바탕으로 작성된다. 이 국가들은 세계 배출량의 97%, 세계 생산량의 94%, 세계 인구의 86%를 차지한다. 우리는 각 지역의 인구, 출력, 탄소 집약도, 베이스라인 CO_2 배출량을 10년 단위로 예측한다. 그런 다

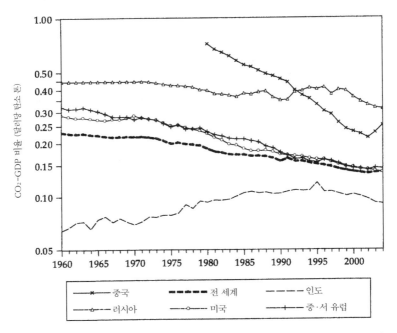

그림 3-1. 주요 지역 및 전 세계의 GDP 대비 CO_2 배출량의 과거 비율(1960~2004년). 주요 5개 지역의 GDP 대비 CO_2 배출량 비율 추세와 전 세계 총계. 우리는 이 감소 비율을 '탈탄소화'라고 부른다. 대부분의 주요 경제는 1960년 이후 상당한 탈탄소화를 이루었다. 탈탄소화 비율은 지난 몇 년 동안 둔화되거나 역전되었고 중국에서도 역전된 것으로 보인다. 지역별 생산량 구성이 바뀌면서 2000년 이후 전 세계 CO_2-GDP 비율은 안정세를 유지하고 있다. '중·서 유럽' 은 CO_2-GDP 비율이 높은 몇몇 중앙계획국가를 포함한다.

음 매년 전 세계 총합을 집계한다. [그림 3-1]은 5개 주요 지역의 과거 배출량-생산량 비율과 전 지구적 합계를 나타내며 이들이 1960년 이후로 꾸준히 탈탄소화되고 있음을 보여준다. 하지만 가장 최근의 추세는 전 지구적으로 안정된 CO_2-GDP 비율인데, 이는 부분적으로 중국의 CO_2 배출량 증가에 기인한다.

[그림 3-2]는 IPCC의 배출 시나리오 특별 보고서(IPCC 2000)에서 개발한 몇 가지 'SRES 시나리오'의 예상치와 DICE-2007 모델의 베이스라인 실행에 따른 배출 예상치를 함께 보여준다. DICE 모델 예측은 다양한 방법과 가장 최근의 데이터를 사용하여 완전히 독립적으로 개발된다. (최신 IPCC 예측에 사용된 SRES 시나리오는 약 10년 전 개발되었다.) DICE 모델의 배출량 예측은 21세기 중반까지 SRES 범위의 낮은 단계로 향하다가 더 낮은 몇몇 SRES 시나리오에 비례하여 상승한다.

초기 DICE 모델에 대한 주요 우려사항 하나는 사회적 시간선호도의 순비율을 상대적으로 높게(연간 3%) 가정한 것이었다. 앞에서 논의

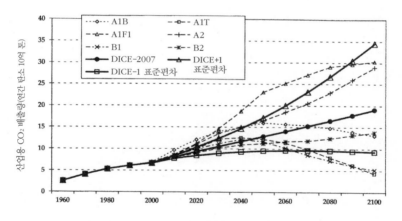

그림 3-2. 산업용 CO_2 배출량. DICE-2007 모델의 기준 CO_2 배출량과 IPCC를 위해 준비된 주요 SRES 시나리오의 배출 예상치를 비교한 것. SRES의 출처는 IPCC 2000이다. 굵은 선은 DICE 모델 예상치의 높은 평균(평균+1 표준편차)과 낮은 평균(평균-1 표준편차)이다. DICE 모델 예상치의 불확실성 범위는 제7장에서 설명했다. 높은 예상치(DICE+1 표준편차)와 낮은 예상치(DICE-1 표준편차) 사이의 범위는 예상 결과 분포의 68%를 포착하도록 설계되었다.

한 바와 같이 우리가 가장 먼저 주목하는 것은 본질적으로 경제 지표의 해석이 규범적이라기보다는 가장 정확한 예측을 제공하도록 설계되어 있다는 점이다. 또한 기존의 추정은 대안적 설계의 수치적 문제 및 관찰된 시장 데이터로 자본수익률을 보정해야 한다는 요건에 크게 영향을 받았다.

개정판에서는 사회적 시간선호도의 순비율을 연간 1.5%로 낮추고, 시장수익률에 맞게 효용함수를 재조정해 소비 한계효용의 탄력성을 2로 잡았다. 이 개선을 통해 우리의 모델은 경험적 추정치로 자본수익률의 보정을 지속하면서도 세대 간 중립성을 나타내는 모델에 더 가까워진다. 사용자는 수정된 효용함수의 급격한 비선형성이 계산에 대규모 조정 문제를 야기할 수 있으므로 수치적으로 해결하기 어려울 수 있다는 것을 고려해야 한다. 실제로 이전 DICE 모델에서는 탄력성이 더 높을 경우 이러한 계산 문제를 해결할 수 없었기 때문에 단일 탄력성 효용함수가 사용되었다.

• 피해함수

지역 피해함수의 기본 구조는 RICE-1999 모델에서 사용된 접근방식을 따른다. 주요 개선사항은 피해 비용의 재조정, 온도 변화가 심각한 지역에 대한 추정치 조정, 적은 피해에 대한 전체적 영향의 수정된 추정치 사용 등이다. 이에 따른 한 가지 결과로, 우리가 작은 온도 변화에 대해서도 명확한 피해가 존재한다고 추정한 반면 1999년 모델에서는 작은 온도 변화에 대한 피해가 마이너스였다(즉 플러스의 순편익이 추정됨). 또한 생산량의 PPP 추정치 사용은 세계 생산량이 크게 증가하는 것으로 이어진다. 일반적으로 피해는 생산량의 일부로 추정 되기 때문에 총 피해는 2007년 모델에서도 상당히 크다. 피해함수는 DICE 모델에서 지속적으로 모델링 불확실성의 주요 원인이 되고 있 다. [그림 3-3]은 이전 RICE 모델과 비교한 DICE-2007 모델에 포함 된 피해함수와 IPCC 4차 평가보고서(IPCC 2007a)의 최신 결과를 보 여준다.

• 감축 비용 함수

감축 비용 함수의 기본 함수 형식은 이전 DICE 모델에서 가정된

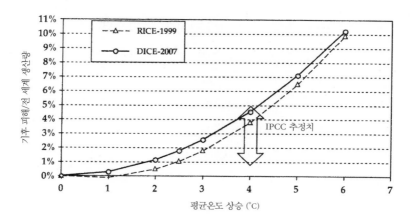

그림 3-3. 피해함수. RICE-1999 모델을 사용한 이전 연구와 DICE-2007 모델에 사용된 피해 함수의 비교. 화살표는 "온난화가 4°C 진행될 경우 전 세계 평균손실은 GDP의 1~5%에 이를 수 있다"(p.20)고 보고한 IPCC 2007a의 추정범위를 보여준다.

구조를 따른다. 하지만 이 구조는 기존 모델링 오류를 수정하기 위해 시간이 지남에 따라 재구성되었다. DICE 모델에 내재된 특성은 '백스톱 기술'이 존재한다는 것이다. 이는 앞에서 언급한 바와 같이 비교적으로 높은 비용으로 모든 탄소 배출 프로세스를 대체할 수 있는 기술이다. 즉 백스톱 기술이 완성되면 배출 통제율은 100%가 된다. 이전 버전은 백스톱 기술의 비용이 시간이 지남에 따라 증가한다는 암묵적으로 잘못 가정된 함수 형식을 사용했다.

새로운 버전은 배출 감축 방정식을 백스톱 기술의 명시적인 가격과 시간 계획표로 보정하여 다시 정의한다. 새로운 배출 비용 함수의 조정은 JY 에드먼즈JY Edmonds가 제공한 모델링 추정치뿐만 아니라 심층적인 배출 감축 비용을 계산하는 최근의 모델링 연구, IPCC 격리 특별보고서(IPCC 2005), IPCC 4차 평가보고서에 기초한다. 새로운 모델에서 방어벽 기술의 비용은 탄소 1톤당 약 1200달러로 시작하여 2100년까지 톤당 950달러로 감소한다.

백스톱 기술 비용은 다른 추정치에 비해 높게 나타나지만, 이는 석탄 화력발전 같은 비교적 저렴한 공급원이 아니라 탄소 배출의 최종 단위를 줄이는 한계비용이라는 점에 유의해야 한다. 원자력과 같은 화석연료 대체물은 대체된 탄소 1톤당 500달러의 백스톱이 될 수도 있지만 오직 전력만을 대체할 수 있다. 다시 말해 1200달러는 플라스틱이나 제트 연료 또는 용매와 같은 최종적인 고부가가치 사용에서 발생하는 탄소 대체 비용을 반영한다. 이 새로운 특성은 단기적으로는(이를테면 기후정책 전술에 대해) 거의 차이가 없지만, 장기적으로는

(전략이나 비전에 대해) 큰 차이를 만드는 것으로 판명되었다.[10]

• 탄소순환

새로운 버전의 DICE 모델은 탄소순환 모델의 기본 구조를 바꾸지는 않지만 초기 자원과 흐름 파라미터를 다시 보정한다. 앞에서 언급한 바와 같이 기본 전략은 주로 A1F1 시나리오 같은 DICE 예측의 배출 시나리오와 가장 유사한 배출 시나리오에 따라 DICE 모델을 MAGICC 모델로 보정하는 것이다.

참고할 수 있도록 [표 3-1]에서 IPCC의 제4차 평가보고서의 모델 비교와 DICE 모델의 농도 예측 비교를 제시한다. (이러한 비교는 모델링 설계 완성 이후에 가능했다.) [표 3-1]는 대기중에 인위적으로 누적되어 유지되는 CO_2 농도 비율의 IPCC 모델과 DICE 모델에 따른 계산을 보여준다. 과거 기간 DICE 모델의 대기중 유지 비율은 0.54로서 모델 평균인 0.45와 비교하여 높은 편이다. 하지만 전체 기간 동안 DICE 모델의 대기중 유지 비율은 0.5로서 모델 평균인 0.55에 비해 약간 낮다. DICE 모델의 주요 누락사항은 더 완전한 모델에서 시간이 지남에 따라 낮아지는 해양 흡수도를 구현하는 해양탄산염 화학의 부재다. 검토한 SRES 시나리오 A2는 DICE 모델 베이스라인에 비해 상대적으로 배출 곡선이 평탄하다는 점에 유의해야 한다.

[표 3-1] DICE 모델과 IPCC 모델의 대기중 CO_2 유지 비율 추정치 비교

모델	대기중 유지되는 누적 배출량 비율	
	1850-2000	1850-2100
IPCC FAR		
모델 평균	0.45	0.55
범위	0.43-0.61	0.45-0.72
DICE-2007	0.54	0.51

참고: 이 추정치는 DICE-2007 모델과 IPCC 4차 평가보고서(Fourth Assessment Report: FAR) 모델에 따라 각각 1850~2000년과 1850~2100년 동안 대기중에 유지되었던(유지될) 인위적 CO_2의 총 배출비율을 보여준다. DICE 모델이 기준 배출량을 사용한 반면 IPCC 모델은 SRES 시나리오 A2를 사용했기 때문에 배출 경로는 정확히 비교할 수 없다. IPCC 모델의 출처는 IPCC 2007b, figure 7.13이다.

• 기후 모델 및 데이터

기후 모델의 기본 구조는 현재의 DICE 모델에서 크게 수정되지 않았다. 복사강제력에서 온도 변화로의 지연을 줄이기 위해 타이밍이 변경되었다. 파라미터가 약간 수정되어 기후민감도를 균형 CO_2당 2.9°C에서 3°C로 증가시켰으며 이는 IPCC 중앙 추정치와 일치한다. 또한 단기 조정 파라미터를 일반 순환 모델과 임펄스반응 실험 추정치에 맞게 보정하였으며 특히 MAGICC 모델의 강제력 및 온도 계획표와 일치하도록 했다. CO_2 이외의 복사강제력 및 산업용 이외의 CO_2 배출량 추정치가 IPCC 3차 및 4차 평가보고서의 최근 추정치와 결과를 반영하여 수정되었다.

[그림 3-4]는 보정된 DICE 모델과 MAGICC 모델의 비교를 보여준다. 기술적 이유 때문에 두 가지 모두 2.6°C 온도민감도 파라미터로

보정되지만, 4.5°C 온도민감도 파라미터에 대해서도 유사한 결과가 유지된다. DICE 모델은 동일한 배출 경로에 대해 약간 낮은 예측치를 나타낸다. 21세기 동안 DICE 모델 구조는 3.61°C가 증가할 것으로 예측하는 반면 MAGICC 구조는 3.71°C가 증가할 것으로 예측한다.

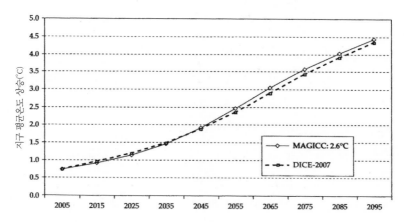

그림 3-4. 온도 변화 비교. 온도민감도가 2.6°C인 DICE-2007 모델의 온도 계획표와 온도민감도가 동일한 MAGICC 프로그램의 비교. MAGICC 실행은 MAGICC 2007 소프트웨어를 통해 이루어진다. 이 실행은 A1F1 CO_2 배출과 MAGICC 실행에서 가정한 CO_2 이외의 온실가스에 대한 복사강제력을 사용한다.

• 불완전한 참여

이전 버전의 DICE 모델은 서로 다른 지역 간에 정책 조화가 이루어지고 모든 지역이 참여한다고 가정했다. 현재 버전은 참여 함수를 도입하고 있다. 이는 국가들의 하부단위가 (조화된 방식으로) 배출 감축을 수행하지만 나머지는 배출 감축을 수행하지 않는 모델 실행을 허용한다. DICE 모델에서 배출 방정식의 함수 형식 때문에 우리는 불완전한 참여 결과에 대해 정확한 수학적 표현식을 도출할 수 있다. 이 새로운 설계를 통해 통합 모델 구조 속에서 교토의정서에 나타난 것 같은 국가들의 대안적 그룹화에 따른 영향을 추정할 수 있다. 참여 구조와 불완전한 참여의 몇몇 결과는 제6장에서 설명한다.

• 한정된 화석연료 자원 및 호텔링 지대

DICE 모델의 이전 버전은 단기적 예측과 정책에 초점을 맞췄다('단기'란 2100년까지를 말한다). 그러나 현재 버전은 기후, 지구물리 시스템, 생태학의 장기적 예측에 대한 관심이 높아진 것을 고려하여 주요 지구물리 모델과 경제 규제의 장기적 일관성에 더 많은 관심을 기울였다. 한 가지 주요 변화는 장기적인 화석연료 이용가능성 규제를 도입한 것이다. 새로운 모델에서 경제적으로 이용 가능한 화석연료 총자원은 6조 톤의 탄소 등가물(현재 소비율로는 약 900년)로 제한된다. 이러한 제약은 장기적으로 소비를 백스톱 기술로 유도하는 호텔링 지대를 발생시킨다. 단기적인(100년까지) 기준 사례에서는 이러한 제약이 중요하지 않지만 급속한 경제 성장을 하거나 탄소감축 기술이 변화하는 경우에는 중요해진다.

• 실질 자본수익률

자본 기반 모델을 구축할 때 중요한 경제적 변수 하나는 실질 자본수익률이다. 우리 모델은 영구재고법(perpetual inventory method)에 따라 도출된 서로 다른 지역의 명시적 자본 추정치와 콥-더글라스 생산함수를 사용하여 구성되었다. 점검 차원에서 우리는 DICE 모델의 실질 자본수익률 예측과 다양한 연구에서 나온 실제 수익률 추정치를 비교했다. [표 3-2]는 IPCC 2차 평가보고서에 나온 자산 대비 실질수익률 비교를 보여준다.[11] 미국에서 가장 잘 측정된 분야의 예상 수익률은 약 5%인 반면 다른 국가와 분야의 수치는 훨씬 더 높은 경우가 많다. DICE 모델에서 자본수익률 추정치는 처음 50년 동안 매년 5~6%이다. 제9장에서 이 문제를 더 자세히 논의할 것이다.

[표 3-2] IPCC 2차 평가에서 추정한 다양한 기간 및 출처의 실질 자본수익률

자산	기간	실제수익률(%)
고소득 공업국		
주식	1960-1984(a)	5.4
채권	1960-1984(a)	1.6
비거주 자본	1975-1990(b)	15.1
정부 단기채권	1960-1990(c)	0.3
미국		
주식	1925-1992(a)	6.5
모든 민간자본, 세전	1963-1985(d)	5.7
기업자본, 세후	1963-1985(e)	5.7
부동산	1960-1984(a)	5.5
농지	1947-1984(a)	5.5
재무성 증권	1926-1986(c)	0.3
개발도상국		
초등교육	다양성(f)	26
고등교육	다양성(f)	13

출처: Arrow et al. 1996. 용어는 배경 문서에 수록된 자료를 참조했다.

주요 쟁점

DICE-2007 모델은 많은 영역에서 매우 단순화되었지만 여전히 몇 가지 논쟁적인 관계를 포함하는 복잡한 비선형 시스템으로 남아 있다. 이 모델은 44가지 중요한 파라미터를 포함하는 19개의 동태적 방정식을 갖고 있다(세계 인구, 생산량, 지표면 평균온도 비정상 같은 직접 초기 조건은 제외). 이러한 파라미터 중 일부는 비교적 덜 중요하지만(생산함수의 자본탄력성 등) 다른 것들은 중요하다(CO_2 2배 증가의 온도민감도, 총요소생산성의 증가율 등). 게다가 구조적 방정식은 복잡한 비선형 시공간 관계의 통합체인데 이런 관계는 잘못 규정될 가능성이 있다. 이 절에서는 기후변화에 대한 모든 통합평가 모델에서 발생하는 세 가지 주요 문제이자 DICE-2007에서도 특별한 문제인 모델의 할인율, 불확실성, 지역화에 관해 논의한다.

• 할인율

할인율과 관련된 논쟁은 수년 동안 지구온난화 모델과 정책의 중심에 있었다. 이러한 쟁점은 『스턴 보고서』를 다룬 제9장에서 자세히 논의될 것이며, 여기서는 요점만 간략하게 정리할 것이다.

할인율 문제를 이해하려면 성장 경제학과 할인율 개념에 관한 약간의 배경지식이 필요하다. 배출 감축을 위한 대안적 경로를 선택할 때 핵심이 되는 경제적 변수는 자본, 교육, 기술에 대한 투자의 순수익률을 측정하는 실질 자본수익률 r이다. 이는 원칙적으로 시장에서 관찰할 수 있다. 예를 들어 지난 40년 동안 미국 기업자본의 세전 실질수익률은 평균적으로 연간 약 7%이다. 인적 자본에 대해 추정된 실질수익률은 국가와 기간에 따라 연간 6~20% 이상이다([표 3-2] 참조). 자본수익률이란 현재의 배출 감축 비용과 미래의 기후 피해 감축에 따른 이익 간의 효율적인 균형을 결정하는 데 필요한 할인율이다. 높은 자본수익률은 미래의 배출 감축을 향해 균형을 이루는 반면 낮은 자본수익률은 현재를 향해 균형을 이룬다.

자본수익률은 어디에서 나올까? 기후경제학의 여러 가지 분석은 최적 경제 성장 이론에 기초하여 실질수익률을 분석한다. 이 구조에서 실질수익률은 눈에 띄지 않는 두 가지 규범적 파라미터에 따라 달라지는 내생적 변수다. 첫번째는 ρ로 표기되는 시간할인율이다. 시간할인율은 현재에 비해 미래 세대 후생의 중요성을 측정하는 파라미터다. ρ는 이자율처럼 시간 단위당 백분율로 계산하지만 미래의 재화나 달러의 할인이 아니라 미래 '효용'이나 후생의 할인을 말한다. 0시간할인율은 미래 세대가 현세대와 동등하게 대우받는 것을 의미하며 양(+)의 시간할인율은 가까운 세대에 비해 미래 세대의 후생이 줄어들거나 '할인'되는 것을 의미한다.

실질 자본수익률은 또한 눈에 띄지 않는 또다른 규범적 파라미터인 소비탄력성 α에 달려 있다. 이 변수는 다른 세대의 불평등에 대한 반감을 나타낸다. α 값이 낮다면(높다면) 의사결정을 할 때 미래가 현재보다 더 풍요로울지 가난할지에 주의를 적게(많이) 기울인다는 의미다. 표준적인 최적 성장 이론 아래에서 시간할인이 적고 사회가 불평등에 거의 신경을 쓰지 않는다면 미래를 위한 저축률을 높일 것이고 실질수익률은 낮아질 것이다. 반면에 시간할인율이 높거나 사회가 불평등에 반대한다면 현재의 저축률이 낮아지고 실질수익률이 높아질 것이다.

기본적인 경제학은 간단히 설명할 수 있다. 시간할인율 ρ와 소비탄력성 a를 가정한다. 그런 다음 앞에서 언급한 부록의 사회후생 함수를 세대(g^*)당 일정 인구와 일정 소비증가율로 극대화한다. 이는 주어진 자본(r^*)의 균형 실질수익률에 대한 표준 방정식 $r^*{=}\rho{+}ag^*$를 도출한다. 이것이 '램지 방정식'으로, 시점 간 투자 결정과 그에 따른 지구온난화 정책 선택을 고려하는 중심 구조 개념이다. 램지 방정식은 최적의 후생하에서 자본수익률이 시간할인율, 소비탄력성, 소비증가율에 따라 결정됨을 보여준다. 성장중인 경제에서는 높은 시간할인율이나 세대 간 불평등에 대한 높은 반감으로부터 높은 자본수익률이 발생할 수 있다.

DICE 모델에 전제된 가정은 모델이 실질이자율과 유사한 경로를 생성하도록 소비탄력성에 따라 시간할인율을 선택해야 한다는 것이다. 우리는 2의 소비탄력성에 따라 연간 1.5%의 시간할인율을 선택했다. 이러한 두 가지 가정하에서 실질 자본수익률은 예측된 첫 반세기 동안 매년 5.5% 정도이며, 이것이 우리의 자본수익률 추정치이다. 우리는 동일한 실질수익률을 얻기 위해 또다른 대안적 조정을 사용할 수 있다. 예를 들어 이러한 파라미터들은 연간 0.1%의 시간할인율과 2.9의 소비탄력성을 가정하도록 수정될 수 있으며, 우리는 동일한 실질이자율을 얻게 된다. 또한 DICE 모델은 몇몇 경제 모델과 달리 이자율을 외생적 변수로 가정하는 대신 주어진 기본 파라미터의 함수로 이자율을 해결한다는 점에 유의할 필요가 있다. 이러한 접근방식은 가정한 수치를 쉽게 변경할 수 있게 한다.

시간할인율과 소비탄력성의 다양한 조합에는 중요한 장기적 함의가 있다. 그러나 실질이자율 경로가 똑같은 경로를 따라 시작되는 한은, 단기적 의사결정에 대한 함의(최적 탄소세, 최적 배출-통제 비율, 온실가스 농도나 온도 상승을 제한하는 데 필요한 규제 등)는 작다. 요약하자면 반세기 정도에 걸친 단기적 결과는 실질이자율의 단기 경로가 유지되는 한 시간할인율에 둔감하다고 하겠다(연간 0.1~3% 범위).

• 불확실성

지구온난화 정책은 모든 공공재의 어머니지만 달리 보면 불확실성 속에서 의사결정을 하는 아버지일 수도 있다. 모델 구조의 측면에서 모든 방정식(항등식 제외)은 해결되지 않은 심각한 질문들을 포함하고 있다. 몇몇 중요한 질문은 다음과 같다. 세계 경제의 성장속도는 어떻게 될 것인가? 지구온난화가 2~3°C를 넘으면 각 지역에 어떤 피해가 발생하며 그 피해는 얼마나 클 것인가? 비탄소 백스톱 기술은 얼마나 비쌀 것인가? 감축에 대한 국제협정을 체결하고 유지하는 일은 얼마나 어려울까? 개발도상국의 노동력과 경제는 얼마나 빨리 농업에서 벗어날 수 있을까? 경쟁력 있는 저탄소 에너지원의 경제적 이점은 무엇인가? 이러한 질문에 과학자들과 경제학자들은 서로 매우 다르게 대답하며, 향후 몇 년 동안 결정적인 해답은 없으리라는 결론이 타당해 보인다. 더욱이 우리는 이러한 불확실성들이 얼마나 빨리 해결될지, 혹은 어떤 학습 투자가 이 문제를 해결하는 데 도움이 될지 모른다.

현재의 DICE 모델은 완벽한 예측이나 확실성을 전제로 지구온난화의 경제성을 분석하는 첫 단계를 취한다. (확실성을 전제로 하는 접근방식은 모든 파라미터의 기댓값을 사용하여 모델을 계산한다.) 이러한 첫 단계는 대안적 접근방식의 경제학에 기본적인 직관을 제공한다. 또한 특정 조건에서(예를 들면 위험 회피가 상대적으로 낮거나, 함수가 상대적으로 선형적이거나, 위험이 상대적으로 작은 경우) 완전한 해답에 대한 첫번째 근사치를 제공한다. 우리의 연구와 다른 학자들의 선행 연구는 불확실성과 학습이 단기 정책에 미치는 영향(통제율이나 최적 탄소세)에 대해 일관성 없는 결과를 제시한다.[12]

불확실성을 완전히 해결할 방법은 이 책의 범위를 벗어난다. 제7장에서 우리는 불확실성의 영향을 약간이나마 체감할 수 있도록 몇 가지 예비적 결과를 제공한다. 그러한 분석이 보여주는 잠정적이지만 놀라운 결과는 확실성 등가 정책이 기대효용 접근방식과 불확실성의 전체 범위를 사용하여 계산된 정책에 매우 가깝다는 것이다.

• 지역 분할

DICE 모델은 다양한 시공간에 걸쳐 고도로 통합되어 있다. 10년이라는 시간단계는 많은 시간을 압축시킨다. 예를 들어 교토의정서 예산기간을 두 번 더하면 하나의 시간단계로 적합할 것이다. 또한 우리는 뉴욕에서 말리까지 매우 다양한 지역을 거대한 전 지구적 공동체로 통합했다.

통합평가 모델의 많은 부분에서 합산은 상대적으로 중요하지 않다. 예를 들어 온실가스 배출량의 지역적 분포는 전 지구적 총량을 정확하게 추정하는 한 중요하지 않다. 또한 지구물리학 방정식을 정확한 고해상도 모델에 맞게 적절히 보정한다면 전 지구적 평균 결과도 상당히 정확할 것이다. 전 지구적으로 합산된 접근방식의 주요 단점은 개별 지역과 국가에 미치는 영향과 감축의 비용 및 편익을 계산할 수 없다는 것이다. 또한 기후와 경제활동의 경로에 따른 다양한 연관성이나 지역적으로 차별화된 정책의 영향도 검토할 수 없다.

모델링의 지역적 접근방식은 현재 질리 양과 공동 작업중이다. DICE 모델의 지역 버전인 RICE(Regional Integrated model of Climate and the Economy: 기후 및 경제의 지역통합 모델)는 2007년에서 2009년 사이 개발 및 출시될 예정이다. 또한 지역 모델은 교토의정서의 예산기간과 더 밀접하게 대응하도록 더 짧은 시간단계(5년)로 변경할 수 있다.

제 4 장

지구온난화에 대한 대안적 정책

요약

DICE 모델 같은 통합평가 시스템의 주요 장점은 일관성 있고 포괄적인 관점에서 대안적 정책을 검토할 수 있다는 것이다. 대안적 정책이 환경과 경제에 미치는 비용과 영향을 종합 분석함으로써 우리는 좀더 정교한 방식으로 연관된 상충관계를 이해할 수 있게 된다.

기후변화 정책에 대한 잠재적인 접근방식은 매우 다양하다. 이 책에서는 [표 4-1]에 나열한 주요 정책으로 이 접근법들을 정리했다. 첫번째 정책 혹은 베이스라인 정책은 250년 동안 아무런 통제가 없는 세계다. 이 시나리오에서 배출은 2250년까지 통제되지 않고 그 이후에 완전한 통제가 이루어진다. 두번째 시나리오는 효용의 할인 가치를 극대화하는 경제적 최적화다. 그다음 시나리오는 CO_2 농도 또는 지구온도 상승에 제한을 가하는 정책들이다.

[표 4-1] DICE-2007 모델로 분석한 대안 정책

---

1. 통제 없음('베이스라인'). 처음 250년 동안 배출 통제 없음.

2. 최적 정책. 배출량과 탄소가격이 2010~2019년의 2차 기간부터 최적 수준으로 설정됨.

3. CO_2 농도에 대한 기후 규제. CO_2 농도가 주어진 상한선 이하로 규제된다는 점을 제외하면 최적의 경우와 유사하다.

   A. 산업화 이전 수준의 1.5배로 제한된 CO_2 농도(420ppm)

   B. 산업화 이전 수준의 2배로 제한된 CO_2 농도(560ppm)

   C. 산업화 이전 수준의 2.5배로 제한된 CO_2 농도(700ppm)

4. 온도에 대한 기후 규제. 지구온도 변화가 1900년부터의 증가치 이하로 규제된다는 점을 제외하면 최적의 경우와 유사하다.

   A. 온도 상승이 1.5°C로 제한됨

   B. 온도 상승이 2°C로 제한됨

   C. 온도 상승이 2.5°C로 제한됨

   D. 온도 상승이 3°C로 제한됨

5. 교토의정서. 이러한 실행은 교토의정서의 다양한 변형을 구현한다.

   A. 미국을 포함한 최초의 교토의정서. 부속서 I 국가들을 포함한 2008~2012년 예산기간의 수준에서 일정한 배출량을 가진 교토의정서의 배출한도를 구현한다.

   B. 미국을 제외한 최초의 교토의정서. 미국을 제외한 부속서 I 국가들을 포함한 2008~2012년 예산기간의 수준에서 일정한 배출량을 가진 교토의정서의 배출한도를 구현한다.

   C. 강화된 교토의정서

6. '야심적인' 제안

   A. 『스턴 보고서』방식: 환경 할인율. 이 실행은 기후 투자에 대한 『스턴 보고서』의 실질이자율과 다른 투자에 대한 DICE-2007 모델의 실질이자율을 사용한다.

   B. 고어 배출량 감축. 2050년까지 전 세계 배출량 90% 감축 달성.

7. 저비용 백스톱 기술. 현재의 비용으로 모든 화석연료를 대체할 수 있는 기술이나 에너지원 개발.

이러한 세 가지 시나리오를 통해 우리는 다양한 버전의 교토의정서에 담겨 있는 의미를 검토한다. 한 가지 시나리오에서는 『스턴 보고

서』(Stern 2007)의 효용과 할인율에 내포된 규제 시행 비용을 검토하는 한편, 또다른 시나리오에서는 앨 고어가 최근에 제안한 정책을 검토한다. 마지막 시나리오는 화석연료를 대체할 경쟁력 있는 저탄소 에너지원의 경제적 이점을 검토한다.

대안적 정책에 대한 상세한 설명

• 통제 없음 ('베이스라인')

첫번째 실행은 지구온난화의 속도를 늦추거나 되돌리기 위한 그 어떤 정책도 채택하지 않는 것이다. 개인과 기업은 변화하는 기후에 적응하겠지만, 정부는 온실가스 배출량을 규제하거나 온실가스의 외부효과를 내부화하기 위해 아무런 조치도 취하지 않을 것으로 추정된다. 국가들 대부분은 2007년까지 이 정책을 따르고 있다. 하지만 교토의정서 참여국들은 2008년부터 시작되는 구속력 있는 조치를 채택할 것이다. 여기서 계산되는 전략은 이 정책이 25기간(250년) 동안 시간 경과에 맞춰 탄소연료를 할당하는 시장 경로를 따른다는 것이며, 이후 세계가 '잠에서 깨어나' 기후변화 피해에 비추어 탄소 배출 경로를 최적화한다는 것이다.[1] 우리는 또한 비교를 위해 더 짧은 지연 기간(50년)에 따른 결과를 제시한다.

• '최적의' 정책

두번째 경우는 기후변화를 늦추기 위해 경제적으로 효율적인 혹은

'최적화된' 정책을 도입하는 것이다. 이는 비경제적 규제가 없는 경제적 최적화라고 해석할 수 있다. (피해에는 비시장적 피해와 재앙적 피해가 포함되지만, 예를 들어 특정 기후의 '내재가치' 같은 것은 제외된다는 점에 주목할 필요가 있다.) 이러한 모델링 실행에서 배출량은 순 경제적 소비 가치를 극대화하도록 설정된다. 더 정확히 말하자면 이 실행은 지구온난화로 인한 미래의 피해와 현재의 온실가스 감축비용 간에 균형을 맞추는 배출 감축 경로를 찾아낸다. 이 정책은 완전한 참여와 준수를 가정하며 따라서 매우 낙관적이다. 또한 지역과 시간에 걸쳐 배출량을 효율적으로 감소시킨다. 배출 감축의 한계비용은 언제 어디서나 피해를 줄이는 측면에서 배출 감축의 한계효용과 동일하다.

최적 정책에 관련해 반드시 주의할 점이 있다. 이 정책은 환경의 제왕이 갑자기 나타나서 모든 사람들이 종교적으로 따르게 될 율령 정책을 공표할 거라는 믿음으로 제시되는 것이 아니다. 오히려 최적 정책은 대안적 접근방식이 얼마나 효율적이거나 비효율적인지 결정하는 기준이다. 우리가 추정한 경제적·기술적·지구물리학적 규제를 고려할 때 이는 배출 감축에 있어서 가장 현실적인 정책 경로다. 경제적 최적화는 본질적으로 기후 안정성을 비롯하여 비경제적이거나 인간중심적이지 않은 가치를 중시하지 않는다는 점에 주목할 필요가 있다. 물론 기후변화에 따른 비시장적 피해 추정치는 포함되지만, 기후변화 비용은 인간에게 가치가 있는 한도까지만 포함된다.

• CO_2 농도에 대한 기후 규제

그다음 두 가지 정책 실험은 경제적 비용과 피해의 상한선에 기후 규제를 가한다. 여기서 고려되는 규제는 농도 제한(예를 들면 CO_2 농도를 산업화 이전 수준의 2배로 제한하는 것) 혹은 온도 제한(예를 들면 지구온도 상승을 1900년 수준에서 2°C로 제한하는 것)이다. 이러한 실행은 기후 규제가 경제적 피해 추정치에 따라 부과된다는 점을 제외하면 최적 정책과 유사하다. 여기에는 세 가지 경우가 존재한다.

A. CO_2 농도를 산업화 이전 수준의 1.5배(420ppm)로 제한하는 것

B. CO_2 농도를 산업화 이전 수준의 2배(560ppm)로 제한하는 것

C. CO_2 농도를 산업화 이전 수준의 2.5배(700ppm)로 제한하는 것

• 온도에 대한 기후 규제

온도 상승을 제한하는 기후 규제는 지구온도 변화가 주어진 상한선 이하로 제한된다는 점을 제외하면 최적 정책과 유사하다. 여기에는 네 가지 경우가 존재한다.

A. 온도 상승을 (1900년 수준에서) 1.5°C로 제한하는 것

B. 온도 상승을 (1900년 수준에서) 2°C로 제한하는 것

C. 온도 상승을 (1900년 수준에서) 2.5°C로 제한하는 것

D. 온도 상승을 (1900년 수준에서) 3°C로 제한하는 것

균형의 문제

이러한 규제는 순수하게 경제적인 관점에서 합리화하긴 어렵다. 명확한 특정 시점까지만 비용 상승이 제한되고 그후에 무한한 비용이 발생할 가능성은 별로 없어 보이기 때문이다. 그러나 이러한 아이디어는 유엔 기후변화협약 제2조에 구체화되어 있으며, 최종 목표는 "기후 시스템에 위험한 인위적 간섭을 방지할 수 있는 수준으로 대기중 온실가스 농도를 안정화하는 것"이라고 선언하고 있다.[2]

위험한 간섭에 기초한 규제의 경제적 근거는 서남극 빙상(WAIS)의 붕괴나 그린란드 빙상(GIS)의 용해처럼 엄청난 비용이 소요되는 임계점이 존재한다는 것이다.[3] 현재의 과학 수준으로는 이러한 임계점을 정확히 파악하기 어렵다. 예를 들어 오펜하이머와 앨리의 2004년 연구는 서남극 빙상 붕괴 또는 그린란드 빙상 용해에 따른 치명적 임계점이 지구온난화 1°C, 2°C, 4°C인지 혹은 지역 온난화 10°C인지 판단할 수 없음을 시사한다. 우리는 주요 해수면 상승 확률이 급격히 증가하여 용인할 수 있는 수준을 초과하는 온도 한계로 임계점을 설정할 수 있다. 예를 들어 WAIS 또는 GIS를 녹일 정도의 온난화를 초래하는 것은 용인할 수 없다고 간주될 수 있다. 임계점을 이해하는 또다른 방법은 경제적 가치의 극대화라는 좁은 시야에서 벗어나서 우리가 미래 세대를 위해 주요 해수면 상승, 생물 멸종, 그 밖의 생태학적 붕괴를 촉발시켜 지구를 파괴하지 않아야 할 의무를 진다고 가정하는 것이다.

이러한 주장 중 어느 것도 특정 임계점을 지정하지는 않는다. 강력한 규제와 위험한 간섭의 역할에 관해 상당한 분석이 이루어져왔으므로, 이 책에서는 광범위한 분석을 실행하지는 않을 것이다.[4] 오히려 여기서 요점은 연관된 상충관계, 특히 DICE 모델의 감축 비용 및 기후 피해의 맥락에서 이러한 기후 규제를 부과하는 추가적 비용을 검토하는 것이다. 다시 말해 우리는 앞에서 분석한 경제적 최적화에 이러한 임계점 규제를 추가하는 데 얼마나 많은 비용이 들어가는지 검토할 것이다. 특히 경제적 관점에서 단기 정책에 대한 다양한 임계점의 의미를 검토하는 일은 유용하고 흥미롭다. 이 목표를 염두에 두고 우리는 두 가지 기후 목표, 즉 CO_2 농도 규제와 온도 규제를 논의한다.

첫번째 규제의 실행은 대기중 CO_2 농도를 안정화시킨다. 이 정책은 두 가지 아이디어에 따라 추진된다. 첫째, 기후변화의 해로운 영향은 온실가스 농도로 인해 발생하며 그다음엔 온도 및 기타 기후변화에 의해 발생한다. 둘째, CO_2 농도는 CO_2 배출과 밀접한 관련이 있으며 이는 원칙적으로 정책의 통제하에 있다. 앞에서 언급한 바와 같이 농도는 유엔 기후변화협약에 따라 구체적으로 규정되었다. 위험 수준은 확정되지 않았지만, 일부 과학자들은 대기중 CO_2 농도를 560ppm(산업화 이전 수준의 2배)으로 제한하는 것이 바람직한 정책이 되리라고 믿는다. 우리는 더욱 엄격하고 느슨한 목표를 가진 이러한 정책을 우리의 CO_2 농도 규제로 다룬다. 이 정책은 다른 복사강제력의 배제, 그리고 농도와 온도의 연계에 대한 관성 및 불확실성 때문에 온난화 또는 온도와 직접 연결되지 않는다는 점에 유의할 필요가 있다.

대안적이고 더 나은 근거를 가진 목표는 지구온도 상승을 늦추거나 안정시키기 위한 조치를 취하는 것이다. 이러한 접근방식이 특히 흥미로운 이유는, 배출량이나 농도 제한 등 내생적 우려가 거의 없거나 전혀 없고 매개 변수에 초점을 맞추는 대부분의 정책과 달리 실제 관심사(기후변화)에 더 가까운 목표에 초점을 맞추고 있기 때문이다. 이러한 기후 목표의 단점은 실제 정책과 관련성이 적고 지구온도의 결정요인을 이해하기 어렵다는 점이다.

기후변화에 대해 '용인할 수 있는 창window'을 설정하자는 제안이 여러 번 있었다.[5] 우리는 비용이 많이 들지만 실현 가능한 것(1.5°C)에서부터 수용 가능한 생태학적 피해 및 빙상 안정성과 양립할 수 있는 상한선에 해당하는 것(3°C)에 이르기까지 네 가지 사례를 다룬다. (더 높은 온도 제한은 검토하지 않는다. 왜냐하면 그런 제한은 최적 실행과 관련되지 않을 것이며 따라서 현재 모델을 검토하는 데 흥미롭지 않기 때문이다.)

모든 기후 목표 사례에서 우리는 경제적 비용-편익 최적화의 보완으로서 규제를 부과한다. 이 접근방식의 경제적 직관은 그런 제한이 피해함수가 급격히 상승하고 피해가 무한해지는 임계점으로 해석된다는 것이다. 이러한 경제적 해석은 문자 그대로 받아들여서는 안 되지만, 잠재적으로 재난이 될 수 있는 기후변화의 경제적 영향에 대해 우리의 이해를 높이는 데는 도움이 된다. 또한 이러한 실행은 단순히 기후 규제(예를 들면 CO_2 농도를 560ppm으로 제한하는 것)를 부과하는 '피해 없는 제한'과 다르다는 점에 주목할 필요가 있다. 이러한 접근방식은 기후변화를 다루는 문헌에서 광범위하게 분석되었다.[6] 피해 없는 제한을 가하는 것은 유용한 경험적 장치임에도 불구하고 경제적으로 결함이 있다. 불연속적인 비용 임계점을 부과하면서도 임계점에 도달하기 전에 발생하는 기후 피해를 무시하기 때문이다. 따라서 피해 없는 제한이라는 접근방식은 경로의 시작 부분에서 배출 감축을 너무 낮게 만드는 경향이 있다.

• 교토의정서

다음으로 우리는 교토의정서의 세 가지 변형을 검토한다.

A. 무한히 확장된 원본 버전
B. 미국을 제외한 확장된 원본 버전
C. 강화된 교토의정서

교토의정서는 온실가스를 통제하기 위한 현재의 국제적 체제다. 1997년 최초의 교토의정서는 부속서 I 국가들(기본적으로 OECD 국가들과 동유럽 및 구소련 지역의 국가들 대부분)의 배출량을 제한하기 위한 것이었다. 이 의정서는 다음과 같이 명시하고 있다: "부속서 I에 포함된 당사국들은 온실가스의 총 인위적 배출량을 CO_2 기준으로 환산한 배출량에 대해 (…) 이를 2008년부터 2012년까지의 공약 기간 동안 1990년 수준의 5% 이상 감축하기 위하여 (…) 할당량을 초과하지 않도록 개별 또는 공동으로 보장한다." 이 의정서는 2008년에 발효될 예정이며, 미국을 제외한 모든 주요 선진국들은 CO_2 배출량을 의정서에 명시된 한도 이내로 유지하겠다고 공약했다.

이 책의 분석은 교토의정서의 세 가지 변형을 다른 주요 접근방식과 비교할 수 있는 개괄적 검토를 목적으로 한다. 세 가지 변형 모두 총 배출 감축 목표에 참여하는 국가 그룹이 있다고 가정한다.[7] 또한 탄소가격이 참여 지역에 걸쳐 조화되도록 국가들이 배출권 거래를 통해 완전한 정책 조화를 이루었다고 가정한다. 이는 배출권 이월이나 차입을 허용하지 않기 때문에 시간 간 가격 차익거래가 존재하지 않는다. 또한 참여하지 않는 국가에서는 배출 감축이 없다고 가정한다.

변형 A에서 우리는 원래의 배출한도가 무한히 확장된 최초의 교토의정서를 검토한다. 변형 B는 미국을 참여대상에서 배제한다는 점을 제외하면 변형 A와 동일하다. 이러한 정책들은 경제 문헌에서 널리 분석되어왔다.[8] 변형 C는 더 추정적이며 깊고 넓어진 교토의정서를 분석한다. 기존 교토의정서의 단점이 분명하기 때문에 유럽 국가들과 일본은 더 강력한 개정을 주장해왔다. 예를 들면 독일은 2007년 G-8 정상회의에 대비하여 지구온난화를 2°C로 제한하고 2050년까지 전 세계 온실가스 배출량을 1990년 수준의 50% 이하로 감축하겠다는 서약을 지지했다. 부시 행정부가 이 제안을 거부하긴 했지만, 미래의 미국 정부들은 유사한 노력을 할 수도 있다.

독일의 제안은 뚜렷이 다른 두 부분으로 나누어진다. 먼저 온도제한 정책이 논의되었다. 우리의 추정에 따르면 배출 목표치는 2°C라는 목표를 달성하는 데 필요한 것보다 엄격하지만, 그 주제는 나중에 논의하겠다.

배출 제한 접근방식을 검토하기 위해 우리는 '강화된 교토의정서'를 분석한다. 이 변형에서는 향후 수십 년에 걸쳐 점진적으로 국가가 추가되고, 각국은 10%의 배출 감축부터 시작해서 25년마다 10%씩 배출 감축률을 높여나간다. 이 경우 미국은 2015년 교토의정서에 참여하여 2030년까지 50%의 배출 감축을 완료하고, 중국은 2020년에 참여하여 2045년까지 50%의 배출 감축을 완료하며, 인도는 중국보다 10년 늦게 완료한다. 사하라 이남 아프리카를 제외한 모든 지역이 21세기 중반까지 상당한 배출 감축을 완료할 것으로 예측된다. 이처럼 강화된 접근방식은 전 세계 배출 감축률을 2050년에 베이스라인으로부터 40%로 산출하는데, 이는 1990년 수준을 다소 상회하는 전 지구적 배출량 수준이며 앞서 언급한 독일의 목표보다 덜 엄격하다. 강화된 교토의정서에서 국가들이 가입하고 배출량을 줄이는 속도를 살펴보면 국제협약에서 사실상 전례가 없는 엄청난 노력이 필요할 것이라고 결론 내릴 수 있다.

모든 교토의정서 모델링에서 우리는 모든 참여 지역 간에 한계비용 (및 탄소가격)이 균등해지면서 배출 감축이 효율적으로 이루어진다고 가정한다. 참여하지 않는 모든 국가는 배출을 규제하지 않으며 암묵적 탄소가격은 0이다.

• '야심적인' 제안

여기서 분석하는 두 가지 접근방식을 '야심적'이라고 부르는 이유는 가까운 기간 내로 매우 급격한 배출 감축을 요구한다는 점 때문이다. 그중 하나는 매우 낮은 시간할인율과 자본수익률을 가진 추정치이며 『스턴 보고서』의 기반이 되는 분석과 상통한다. 다른 하나는 단기간에 매우 급격한 배출 감축을 이루기 위한 앨 고어의 제안에 따른 것이다.

1) 『스턴 보고서』 방식

앞에서 논의한 바와 같이, 지구온난화의 경제성 연구에서 가장 큰 논쟁 중 하나는 적절한 할인율이었다. 할인의 역할을 검토하기 위해 한 가지 실행이 거의 0에 가까운 할인율과 단일한 소비탄력성으로 진행되었다. 이러한 실행을 위해 우리는 『스턴 보고서』가 주장하는 연간 0.1%의 시간할인율을 채택했다.9 이를 다른 실행과 비교 가능한 방식으로 구현하기 위해 우리는 이중 할인율 접근방식을 사용한다. 이 방식하에서 우리는 기후 투자에 매우 낮은 실질이자율(연간 약 1%)을 적용하고 나머지 경제에서는 현재의 할인율(연간 약 5.5%)을 적용한다. 이러한 이중 할인율은 매우 낮은 실질이자율이 기후 부문뿐 아니라 보편적으로 적용된다고 암묵적으로 주장하는 『스턴 보고서』의 접근방식과는 다르다.

이 실행을 모델링하기 위해 우리는 먼저 『스턴 보고서』의 목적함수를 사용하여 배출 감축을 최적화한다. 이러한 최적화는 매우 급격한 배출 감축률과 탄소가격을 생성한다. 그런 다음 표준적인 할인율과 소비탄력성을 갖춘 DICE 모델을 다시 실행하지만, 첫 단계부터 배출 감축을 적용하도록 실행을 조정한다. 그런 다음 DICE 모델의 다른 실행에서 사용된 표준적인 할인율과 경제적 가정을 적용하여 비용과 편익을 평가한다. 앞으로 살펴보겠지만, 이러한 접근방식은 미래의 피해가 매우 경미하게 할인되기 때문에 급격한 초기 배출 감축을 초래한다. 기후 투자에서의 낮은 할인율로 인한 저수익 기후 투자가 비기후 자본에서의 고수익 투자를 압도하기 때문에, 이는 심각한 비효율성으로 이어진다. 『스턴 보고서』의 접근방식에 관해서는 제9장에서 더욱 상세히 논의한다.

2) 고어 제안 방식

마지막 제안은 2007년 3월 앨 고어 전 부통령이 의회에 제출한 방식에 따른 것이다. 고어는 서면 증언에서 구체적인 제안을 하지는 않았지만, 구두 증언에서 석탄 화력발전소 금지와 효율성 기준 강화 같은 다른 조치와 함께 2050년까지 미국의 배출량을 90% 줄일 것을 제안했다.[10] 나중에 그는 "다음 세대에게 건강한 지구를 물려주기 위해 지구온난화 원인을 선진국에서는 90%, 전 세계적으로는 50% 이상 줄이는 국제조약에 미국이 가입해야 한다"고 분명히 말했다.[11] 이 제안을 모델링하기 위해 우리는 전 세계 배출량 통제 비율이 2010년 15%에서 2050년 90%로 상승한다고 가정한다. (이러한 제한은 배출 증가가 통제되지 않기 때문에 실제로는 기준 연도의 유사한 감축률보다 덜 엄격하다.) 또한 참여율은 초기 50%에서 2050년까지 100%로 상승하는 것으로 가정한다. 이는 분명히 야심적인 목표이며, 그 목표의 경제적·환경적 의미를 이해하는 것이 유용하다.

• 저비용 백스톱 기술

최종 시나리오에서는 현재의 탄소연료를 환경 친화적인 방법으로 대체할 수 있는 새로운 에너지원을 개발하는 것의 의미를 검토한다. 이 기술을 '저비용 백스톱'이라고 부른다. 현재로서는 그런 기술을 사용할 수 없다. 현재의 추정에 따르면 사실상 모든 화석연료를 대체하기 위해서는 탄소 1톤당 한계비용이 1000달러인 기술이 필요하다. 그러나 장기적으로는 화석연료를 대체할 여러 대안이 있으며, 우리는 21세기와 그 이후에 걸쳐 비탄소연료의 주요 혁신 가능성을 배제할 수 없다. 예를 들어 핵에 기반한 수소연료는 오래전부터 실행 가능하고 지속 가능한 장기적 대안으로 여겨져왔다.

가능하지만 좀더 불확실한 또다른 대안은 대기중 탄소를 제거하거나 CO_2 농도 증가의 기후 영향을 상쇄하도록 설계된 기술이다. 이러한 기술 중 후자를 지구공학이라고 부른다. 온실가스의 온난화 효과를 상쇄하기 위해 대규모의 기후공학을 활용하는 지구공학은 현재로서는 지구온난화에 대처하는 데 있어서 경제적으로 유일하게 경쟁력을 갖춘 기술이다. 지구공학의 대표적 기술은 상층 대기에 입자를 주입하여 태양의 후방 산란을 증가시켜서 지구 표면을 냉각시키는 것이다. 본질적으로 이 기술은 매년 몇 개의 거대 화산에 해당하는 기후 효과를 발생시킨다. 이 접근방식을 분석한 1992년 미국 국립과학원 검토보고서는 다음과 같이 결론을 내렸다. "이 분석의 놀라운 점 하나는 지구공학 기술을 구현할 수 있는 상대적으로 낮은 비용이다."[12]

몇몇 과학자들이 지구공학의 영향에 관해 진지한 연구를 수행했지만, 생태학자들과 기후학자들은 대체로 기후변화에 지구공학을 적용하는 것에 심각한 의구심을 드러낸다.[13] 특히 우려되는 점은 해양 산성화의 증가인데, 이는 복사강제력을 변화시키는 접근방식으로 개선할 수 없을 것이다. 더욱이 지구공학이 미치는 기후 영향은 충분히 연구되지 않았고 실제로 예상치 못한 결과를 초래할 수도 있다. 특히 걱정스러운 점은 온실가스 축적과 지구공학이 기후 시스템에 두 가지 커다란 간섭을 일으킨다는 사실이다. 이로 인해 지표면 온도가 일단 상승한 다음 하강하게 된다. 1차 효과는 소멸되는 것처럼 보일 수 있지만 예상치 못한 2차 효과가 발생할 수 있다.

현재의 계산을 위해 우리는 일반적인 백스톱 신기술을 분석하지만 그 기술이 나타내는 대안 중 하나를 특정하지는 않는다. 계산을 위해 우리는 백스톱 기술에 탄소 함량이 전혀 없으며 탄소 1톤당 5달러의 비용으로 기존 화석연료를 대체한다고 가정한다. 이 수치는 지구공학 기술을 통해 지구온난화를 상쇄하는 추정 비용으로 정당화될 수 있다. 그러나 현재로서는 이러한 추정 비용에 근접하는 환경친화적 기술이 없다는 점에 유의해야 한다.

제 5 장

DICE-2007 모델의 실행 결과

이 장에서는 DICE-2007 모델 실행의 주요 결과를 설명할 것이다. 먼저 DICE 같은 모델은 복잡한 시스템의 움직임을 이해하기 위한 도구이며 절대로 진실을 규명하는 기계가 아니라는 점에 유의해야 한다. 실행 결과는 모델링, 행동, 측정 오류 및 불확실성을 정확하게 반영하지 못하며 개략적인 분석만을 제공한다. 한편 통합평가 모델은 가정과 결론이 내부적으로 일관성을 갖도록 하고 대안적 가정이나 정책의 결과를 서로 대응시킴으로써 지구온난화 연구에 핵심적인 학문 분야를 제시하기도 한다.

전반적인 결과

먼저 제4장에서 설명한 대안 정책의 전반적인 결과를 요약해보자. [표 5-1]은 다양한 실행의 요약을 보여준다. 세로 열은 검토된 16가지 정책을 보여준다. 처음 두 개의 숫자 열은 베이스라인 정책과 비교하여 각 정책의 경제적 영향을 보여준다. 베이스라인이 1차 기간인 250년 동안 온실가스 배출에 대한 통제를 가정하지 않는다는 점을 기억해야 한다. '목적함수'라고 표시된 열은 1차 기간의 소비를 단위화폐로 사용하여 베이스라인과 비교한 효용의 할인된 값 차이를 정확히 측정한 것이다. 즉, 해당 정책에 따른 소비의 현재 가치에서 (통제 없는) 베이스라인 사례에 따른 소비의 현재 가치를 뺀 것이다.

두번째 열은 피해와 감축의 현재 가치 차이를 측정한 근사치다. 두 가지 비용 측정치가 다른 이유는 비용, 피해 및 효용함수의 비선형성 때문이다. 그다음 세 개의 숫자 열은 기후 피해의 현재 가치, 감축 비용의 현재 가치, 그리고 감축 비용과 피해의 합계를 보여준다. 여섯번째 열은 2005년 '탄소의 사회적 비용'을 나타내고, 그다음 두 개의 숫자 열은 정책에 의해 유도되는 '탄소가격' 또는 '탄소세'를 나타낸다. 탄소의 사회적 비용은 현재에 대한 것이다. 탄소가격은 전 지구적 체제가 자리잡을 수 있는 첫번째 현실적인 기간을 말한다. 여기서 약간의 용어 설명이 필요하다. 탄소의 사회적 비용은 추가적인 탄소 배출량이 야기하는 추가적인 피해다. 동태적 구조에서 그것은 현재의 소비로 표시되는 소비효용에서 변화의 할인된 값이다. 탄소가격은 (거래체제에서) 탄소의 시장가격 혹은 (세금 체제에서) 탄소 배출에 부과되는 세금이다. 최적 탄소가격 혹은 최적 탄소세는 탄소 배출량에 대한 시장 가격(또는 탄소세)으로, 탄소 배출을 줄이는 추가적 비용과 기후 피해를 줄이는 추가적 편익의 균형을 맞춘다. 통제되지 않는 체제에서 탄소의 사회적 비용은 (제로) 탄소가격을 초과할 것이다. 최적 체제에서 탄소세는 탄소의 사회적 비용과 같을 것이다. 마지막 두 개의 숫자 열은 서로 다른 정책에 따라 계산된 2100년과 2200년 지구 평균 온도 변화를 보여준다.

[표 5-1] DICE-2007 모델의 주요 실행 결과

	베이스라인과의 차이		기후 피해의 현재 가치	감축 비용의 현재 가치
	목적함수 (Objective Function)	감축과 피해의 합계		
실행	(2005년 미국 1조 달러)			
통제 없음				
250년 지연	0.00	0.00	22.55	0.04
50년 지연	2.34	2.14	18.85	1.60
	3.37	3.07	17.31	2.20
최적 농도 제한				
1.5 x CO₂로 제한	-14.87	-14.60	9.95	27.24
2 x CO₂로 제한	2.88	2.67	15.97	3.95
2.5 x CO₂로 제한	3.37	3.08	17.31	2.20
온도 제한				
1.5°C로 제한	-14.73	-14.44	9.95	27.08
2°C로 제한	-1.60	-1.80	13.09	11.30
2.5°C로 제한	2.27	1.99	15.32	5.28
3°C로 제한	3.24	3.02	16.67	2.90
교토의정서				
미국을 포함한 교토의정서	0.71	0.63	21.38	0.58
미국을 제외한 교토의정서	0.15	0.10	22.43	0.07
강화된 교토의정서	1.00	0.71	16.01	5.87
스턴 보고서				
할인율	-16.95	-14.18	9.02	27.74
고어 제안	-21.66	-21.36	10.05	33.90
저비용 백스톱	17.19	17.19	4.92	0.48

참고: 각 실행의 정의는 숫자 열에 대한 설명과 마찬가지로 본문과 [표 4-1]에 제시된다.

균형의 문제

감축 비용과 기후 피해 합계의 순 현재 가치	탄소의 사회적 비용	탄소세		지구온도 변화	
	2005	2010	2100	2100	2200
	(탄소 톤당 2005년 미국 달러)			(1900년부터 °C)	
22.59	28.1	0.0	1.0	3.06	5.30
20.45	27.8	0.0	203.6	2.72	3.52
19.52	27.3	33.8	202.4	2.61	3.45
37.19	144.0	189.7	761.2	1.61	1.78
19.92	29.2	39.6	445.5	2.48	2.84
19.51	27.3	37.1	202.4	2.61	3.45
37.03	106.5	140.8	899.1	1.50	1.50
24.39	45.3	60.2	863.4	2.00	2.00
20.60	31.3	42.2	539.5	2.41	2.50
19.57	27.9	37.9	256.7	2.57	2.99
21.96	27.8	16.2	11.3	2.94	5.23
22.49	28.1	1.2	1.0	3.05	5.29
21.88	27.1	36.2	321.8	2.39	3.26
36.77	23.9	305.2	948.9	1.52	1.27
43.96	27.8	56.1	865.2	1.49	1.58
5.40	19.0	4.9	4.1	0.90	0.83

먼저 베이스라인 또는 통제 없는 정책과 관련하여 여러 정책의 순 경제 이득을 검토해보자. [그림 5-1]과 [그림 5-2]는 이득을 도식적으

로 보여준다. 최적 정책은 순경제 후생에서 총 3조 4천억 달러에 이르는 상당한 이득을 갖게 된다. 이는 큰 금액처럼 보이지만 전체 미래소득의 할인된 값에서 약 0.17%에 해당하는 작은 부분이다.

최적 정책은 경제적 비용-편익 최적화에 적절한 기후 제한을 추가하는 정책과 크게 다르지 않다. [표 5-2]는 비용-편익 최적화에 기후 제한을 추가하는 누적 비용을 보여준다. 농도나 온도 상승을 가장 엄격하게 제한한 경우만 제외하면 비용-편익 최적화에 기후 규제를 추가하는 비용은 상당히 적다(약 1조 달러 이하). 현재의 기술 및 참여 수준을 현실적으로 고려할 때 온도 상승을 1.5°C로 제한하거나 CO_2 농도를 산업화 이전 수준의 1.5배로 제한하는 정책은 비용이 매우 많이 든다. CO_2 농도를 산업화 이전 수준의 2.5배로 제한하는 정책은 구속력이 없으므로 최적 실행과 동일하다.

기후 제한에 대한 결과의 해석은 다음과 같다. 순경제적 비용-편익 계산방식은 배출 감축의 특정 경로가 경제적으로 유익하다는 것을 나타낸다. 하지만 이 경로는 '책임감' 같은 다른 고려사항을 생략하거나 허용 가능한 변화 범위 밖으로 이동하는 것에 대한 우려를 회피할 가능성이 있다. 계산 결과는 기후 규제―CO_2 농도를 산업화 이전 수준의 2배로 제한하거나 온도 변화를 2.5°C로 제한하는 것 등―를 가하는 것이 [표 5-2]에서 알 수 있듯 비교적 낮은 추가적 가격을 갖는다는 점을 보여준다. 경제적 접근방식이 치명적 위험이나 생태계 가치 같이 중요한 요소를 놓친다고 믿는 사람들에게 이러한 수치는 비용-편익 계산식에 규제를 추가하기 위해 필요한 보험료로 해석될 수 있다. 다시 말해 추가적 비용은 기후 시스템을 규정된 제한 이내로 유지하는 데 필요한 순금액(피해를 덜 회피하는 감축 비용)이다.

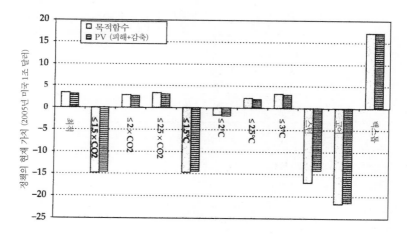

그림 5-1. 대안 정책의 현재 가치. 두 가지 측정하에서 베이스라인과 비교한 정책의 현재 가치 차이. 첫번째 막대는 2005년 미국 달러에서 목표함수의 가치(ObjFun)고, 두번째 막대는 같은 단위에서 감축과 피해 합계의 현재 가치[PV(피해+감축)]다. 정책은 [표 4-1]에 제시되어 있다. 베이스라인이 생략된 이유는 현재 가치 차이가 0이기 때문이다.

* 그림 5-1, 5-2, 5-3의 기호 설명: 최적 = 최적 정책; ≤ 1.5 x CO_2 = CO_2 농도를 산업화 이전 수준의 1.5배로 제한; ≤ 2 x CO_2 = CO_2 농도를 산업화 이전 수준의 2배로 제한; ≤ 2.5 x CO_2 = CO_2 농도를 산업화 이전 수준의 2.5배로 제한; ≤ 1.5°C = 지구온도 상승을 1.5로 제한; ≤ 2°C = 지구온도 상승을 2°C로 제한; ≤ 2.5°C = 지구온도 상승을 2.5°C로 제한; ≤ 3°C = 지구온도 상승을 3°C로 제한; 미국 포함 교토 = 미국을 포함한 교토의정서; 미국 제외 교토 = 미국을 제외한 교토의정서; 강화된 교토 = 강화된 교토의정서; 스턴 = 스턴 보고서 할인에 의한 배출 규제 적용; 고어 = 앨 고어의 제안; 백스톱 = 저비용 백스톱 기술.

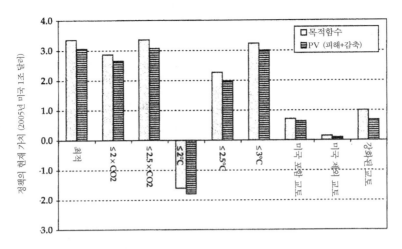

그림 5-2. 대안 정책의 현재 가치. [그림 5-1]과 동일한 가치지만 명확성을 위해 큰 값을 생략했다. 정책의 정의는 [그림 5-1]을 참조하라.

　여기서 검토된 세 가지 교토의정서 정책은 대체로 비효율적이고 실효성이 없다. 최적 정책은 2조 2천억 달러의 추가적 감축 비용으로 2200년의 지구온도 상승을 2.1°C로 감소시킨다. 현재의 교토의정서 정책은 본질적으로 지구 기후에 영향을 미치지 못하는 반면, 강화된 교토의정서의 감축 비용은 효율적 정책 비용의 2.5배이며 2200년의 기후에도 거의 같은 효과를 나타낸다. 이러한 결과는 교토의정서가 비용에 비해 매우 비효율적임을 암시한 초기 모델링 연구를 확인해준다.[1]

[표 5-2] 경제 최적화에 기후 제한을 합하여 발생하는 추가적 비용

| 정책 | 최적 정책에 대한 추가적 효과 | | |
	기후 피해의 현재 가치 감축	비용의 현재 가치	비용과 피해 합계의 순 현재 가치
			(2005년 미국 1조 달러)
1.5 x CO_2로 제한	-7.4	25.0	17.7
2 x CO_2로 제한	-1.3	1.7	0.4
2.5 x CO_2로 제한	0.0	0.0	0.0
1.5°C로 제한	-7.4	24.9	17.5
2°C로 제한	-4.2	9.1	4.9
2.5°C로 제한	-2.0	3.1	1.1
3°C로 제한	-0.6	0.7	0.0

『스턴 보고서』와 고어 제안에 내재된 '야심적인' 프로그램들은 엄청난 고비용이다. 이 프로그램들은 지구온도 상승을 1.3~1.6°C로 줄이는 데 성공하지만 매우 많은 비용이 들어간다. 야심적인 제안의 순 비용은 베이스라인에 비해 17~22조 달러, 최적 정책에 비해 20~25조 달러가 더 든다. 이러한 접근방식이 비효율적인 이유는 너무 급격하고 시기적으로 너무 이른 배출 감축을 추구하며 따라서 시점 간 효율성을 허용하지 않기 때문이다.

저비용 백스톱 시나리오는 환경적으로 안전하고 화석연료와 경쟁하는 에너지원의 존재를 가정하고 있다. 이 대안은 베이스라인에 비해 순 현재 가치가 17조 달러이므로 경제적 관점에서 대단히 매력적이다. 현재로서는 실현이 불가능하지만, 저비용 백스톱 기술의 높은 가치는 새로운 에너지원에 대한 집중 연구가 타당함을 시사한다.

[표 5-3]은 각 정책에 대한 추가적 비용, 피해 및 편익-비용 비율을 보여준다. [표 5-1]에서 볼 수 있듯이 비선형성 때문에 감축 비용과 피해의 합계는 순경제적 효과와 약간 다르지만, 감축 비용과 피해 비용의 합계는 경제적 영향의 적절한 근사치를 제공한다. 편익-비용 비율이 1 미만인 모든 정책은 통제 없는 정책에 비해 마이너스의 순경제적 가치를 가진다. 대부분의 정책은 베이스라인에 대한 편익-비용 테스트를 통과한다. 예외, 즉 아무 규제도 없는 것만 못한 경우는 스턴 보고서, 고어 제안, 그리고 매우 엄격한 통제(예를 들면 매우 엄격한 온도 제한 또는 CO_2 제한)이다.

이러한 비율을 판단할 때, 정책이 완전한 참여하에서 효율적으로 구현될 것이라고 가정했다는 점에 유의할 필요가 있다. 비효율적인 이행이 발생하면(비효율적인 허용량 할당, 차별적 기준, 배제, 비효율적 과세 또는 지역 면제를 통해) 비용이 상승하고 최적 정책의 편익-비용 비율마저도 1 이하로 감소하기 쉽다.

[표 5-3]은 또한 각 제안의 비용 및 피해에 대한 영향을 보여준다. 기후변화 정책에는 분명히 큰 이해관계가 존재한다. 효율적인 정책은 최소 5조 달러 이상의 할인된 피해를 그 절반도 안 되는 비용으로 회피할 수 있다. 반면에 비효율적인 프로그램은 효율적인 프로그램보다 5조 달러, 10조 달러, 30조 달러를 더 소요할 수 있다. 비효율성의 패턴에 관해서는 나중에 검토할 것이다.

균형의 문제

[표 5-3] 베이스라인과 비교한 감축 비용과 피해의 추가적 및 접근방식에 따른 편익-비용 비율

	편익(감소된 피해)	감축 비용	편익-비용 비율
정책의 현재 가치 (2005년 미국 1조 달러)			
50년 지연	3.69	1.55	2.4
최적	5.23	2.16	2.4
농도 규제			
1.5 x CO_2로 제한	12.60	27.20	0.5
2 x CO_2로 제한	6.57	3.90	1.7
2.5 x CO_2로 제한	5.24	2.16	2.4
온도 제한			
1.5°C로 제한	12.60	27.03	0.5
2°C로 제한	9.45	11.25	0.8
2.5°C로 제한	7.22	5.24	1.4
3°C로 제한	5.88	2.86	2.1
교토의정서			
미국을 포함한 교토의정서	1.17	0.54	2.2
미국을 제외한 교토의정서	0.12	0.02	5.0
강화된 교토의정서	6.54	5.82	1.1
스턴 보고서 할인	13.53	27.70	0.5
고어 제안	12.50	33.86	0.4
저비용 백스톱	17.63	0.44	39.9

참고: 이러한 수치는 규제 없는 베이스라인 사례와는 다르다.

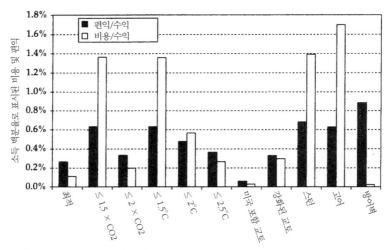

그림 5-3. 소득 백분율로 표시된 비용 및 편익. 주요 정책에 대한 감축 비용과 편익(감소된 피해)을 구분하여 총소득의 백분율로 표시했다(모든 수치는 소비 할인율로 할인된다). 수치는 통제 없는 베이스라인과 비교한 값으로 제시된다. 정책의 정의는 [그림 5-1]을 참조하라.

우리는 또한 [그림 5-3]에서 증가된 감축 비용과 기후 피해를 소득 백분율(모두 할인된 값)로 계산한다. 적당히 효율적인 정책의 경우 감축 비용은 소득의 0.1~0.25%(현재 가치 기준)로 제한된다. 이는 스턴 보고서와 고어 제안에 내포된 '야심적인' 프로그램의 비용보다 훨씬 적은 것이며, 이 제안에서는 감축 비용이 소득의 약 1.5%에 달한다고 추정한다(『스턴 보고서』에서는 감축 비용의 현재 가치를 소득의 1%로 추정한다). 회피된 피해가 상당한 이유는 기후변화의 잠재적 피해에 대한 우리의 추정치가 크기 때문이다. 효율적인 정책은 피해를 전 세계 소득의 0.2~0.4%까지 줄이는 반면, 가장 엄격한 정책은 피해를 소득의 0.6%까지 줄인다.

배출 통제, 탄소의 사회적 비용 및 탄소가격

DICE 모델에서 가장 중요한 계산 중 하나는 탄소의 사회적 비용(social cost of carbon, SCC)이다. [표 5-1]에서 볼 수 있듯이 우리의 추정치는 개입 없는 SCC가 2005년 탄소 1톤당 약 28달러라는 것이다. 이러한 결과는 IPCC 4차 평가보고서에 보고된 평균보다 약간 낮다.[2] SCC는 항상 최적 탄소세 이상이지만, 우리의 계산에서 그 차이는 초기엔 상대적으로 적다.

베이스라인 사례에서 SCC는 효율적인 배출-통제 프로그램이 취해야 할 최댓값을 나타내기 때문에 특히 유용하다. 다시 말해서 부분 프로그램(예를 들어 완전 참여보다는 참여율이 낮은 프로그램)은 최적 탄소가격보다 높은 탄소가격을 가질 수 있지만 결코 SCC를 초과하지 않는다. 또한 SCC는 『스턴 보고서』나 고어 제안같이 비효율적으로 엄격한 제한을 부과하는 접근방식에서 탄소가격에 훨씬 못 미친다는 점에 주목할 필요가 있다.

[표 5-4]와 [그림 5-4]는 각 정책과 관련된 탄소가격을 보여준다. 여기서 분석한 대부분의 사례에서 가격은 국내와 국외 모두 조화된 상태로 가정된다. 이는 조화된 세금 또는 완전히 거래 가능한 배출허용 시스템을 통해 구현될 수 있다.

최적 정책은 2010년에 탄소 1톤당 34달러의 탄소세를 부과한다(모든 계산 단위는 2005년 국제 미국 달러).[3] 그후로는 적정 탄소세가 상승하여 2015년에는 톤당 42달러, 2050년에는 톤당 90달러, 2100년에는 톤당 202달러에 이른다. 참고로 톤당 20달러의 탄소세는 석탄가격을 톤당 10달러 인상시킬 것이며, 이는 2005년 현재 미국 광산 석탄 가격의 약 40%에 해당한다. 또한 톤당 10달러의 탄소세는 휘발유 가격을 갤런당 약 4센트 인상시킬 것이다.

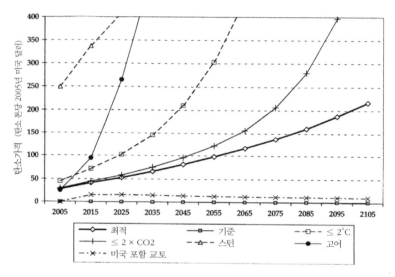

그림 5-4. 각 정책하에서 21세기에 걸쳐 전 세계 평균 탄소가격. 각 정책의 상향 기울기에 주목할 필요가 있다. 이 가격은 탄소 1톤당 가격이며, CO_2 1톤당 가격을 3.67로 나눈 것이다.

통제 없는 정책은 탄소 1톤당 0.07달러의 초기 호텔링 지대를 갖는다(이는 탄소연료의 상대적 풍부함을 반영한다). CO_2 농도와 온도를 안정화하는 정책은 가장 엄격한 목표를 제외한 모든 목표에서 최적 정책의 탄소세에 근접한 초기 탄소세를 갖는다. 특히 엄격한 농도와 온도

[표 5-4] 각 정책에 대한 탄소가격 또는 탄소세

(탄소 톤당 2005년 미국 달러)

정책	2005	2015	2025	2035	2045	2055	2065	2075	2085	2095	2105
통제 없음											
250년 지연	0.08	0.08	0.03	0.04	0.07	0.10	0.15	0.23	0.35	0.53	0.79
50년 지연	0.08	0.08	0.03	0.04	0.07	0.10	0.15	0.23	0.35	0.53	1.18
최적	27.28	41.90	41.90	53.39	66.49	81.31	98.01	116.78	137.82	161.37	187.68
농도 제한											
1.5×CO_2로제한	144.04	247.61	421.92	609.52	659.23	695.10	720.73	738.71	750.96	758.88	763.51
2×CO_2로제한	29.04	45.11	58.67	75.18	95.69	121.96	157.06	206.45	280.13	396.87	494.11
2.5×CO_2로제한	27.28	41.90	53.39	66.49	81.31	98.01	116.78	137.82	161.37	187.68	217.02
온도 제한											
1.5°C로 제한	106.50	174.68	268.94	410.07	611.49	870.32	1,018.38	997.24	818.69	932.67	865.51
2°C로 제한	45.30	71.82	102.25	146.01	209.83	303.07	436.46	615.52	817.77	919.77	807.01
2.5°C로 제한	31.29	48.48	64.04	83.72	109.15	142.90	188.88	252.76	341.91	463.38	615.68
3°C로 제한	27.89	42.89	54.98	69.04	85.38	104.52	127.16	154.40	187.82	229.76	283.55
교토의정서											
미국을 포함한	0.08	15.02	15.72	14.74	13.70	12.95	12.40	11.99	11.67	11.43	11.25
미국을 제외한	0.08	1.56	1,080.95	0.93	0.95	0.23	0.35	0.53	0.79	1.18	
미국의정서	0.08	0.08	19.82	1.56	0.93	0.95	0.23	0.35	0.53	0.79	1.18
강화된 교토의정서	0.08	19.82	53.15	114.51	181.34	223.05	251.54	275.48	296.34	314.21	329.30
스턴 보고서											
할인	248.98	336.38	408.68	480.24	554.59	633.89	719.59	812.89	915.08	958.01	939.82
고어 제안서	24.99	94.14	264.73	501.28	794.11	948.82	928.56	909.29	890.96	873.52	856.93
저비용 백스톱	5.00	4.88	4.76	4.65	4.55	4.45	4.35	4.26	4.18	4.09	4.02

참고: 가격은 전 세계 평균이다. 대부분의 경우 탄소가격은 거래세나 균일세를 통해 지역 간 조화를 이룬다. 1차 기간간의 가격은 빠르면 2008년에 시작되며 교토의정서의 영향을 나타낸다.

목표에서 볼 수 있듯이 이러한 세금은 목표에 접근함에 따라 급격하게 증가하는 경향이 있다. 이러한 목표들을 충족시키기 위한 최적 정책은 높은 탄소세를 미래로 지연시킨다. 미래의 배출량을 줄이는 것은 경제적·기후적 목표 달성에 있어서 비용 효율적인 방법이다. 목표가 구속력 있는 규제가 되면 현재 가치의 관점에서 비용이 덜 들고 현재의 배출량 일부가 대기에서 제거되기 때문이다.

[표 5-5]와 [그림 5-5]는 서로 다른 정책에서 CO_2의 배출-통제 비율을 보여준다. 이는 온실가스 배출량이 기준치 이하로 감소하는 범위를 나타낸다. 최적 경로에서 배출 감축은 2차 모델링 기간 (2011~2020년)에 베이스라인 배출량의 약 16%에서 시작하고 다음 세기에 걸쳐 서서히 상승하여 2050년까지 약 25%에 도달한다. 가장 엄격한 기후 목표 경로는 상대적으로 낮은 배출-통제 비율에서 시작하지만 이후 급격히 증가하여 20세기 중반에는 25~80% 사이의 배출-통제 비율에 도달한다. (1차 모델링 기간인 2000~2009년의 해석은 그 기간의 대부분이 이미 과거이기 때문에 복잡하다. 별도의 언급이 없는 한 우리는 해당 정책이 2011년에 도입된다고 가정한다.)

[표 5-5] 각 정책에 대한 배출-통제 비율

정책	(전 세계 기준 배출량의 비율)										
	2005	2015	2025	2035	2045	2055	2065	2075	2085	2095	2105
통제 없음											
250년 지연	0.005	0.003	0.003	0.003	0.005	0.006	0.007	0.009	0.012	0.015	0.024
50년 지연	0.005	0.003	0.003	0.003	0.005	0.006	0.271	0.302	0.335	0.370	0.444
최적	0.005	0.159	0.185	0.185	0.212	0.240	0.269	0.300	0.333	0.368	0.443
농도 제한											
1.5×CO_2로 제한	0.005	0.428	0.583	0.725	0.766	0.799	0.825	0.846	0.864	0.879	0.891
2×CO_2로 제한	0.005	0.166	0.195	0.227	0.262	0.304	0.354	0.417	0.500	0.613	0.700
2.5×CO_2로 제한	0.005	0.159	0.185	0.212	0.240	0.269	0.300	0.333	0.368	0.404	0.443
온도 제한											
1.5°C로 제한	0.005	0.352	0.454	0.581	0.735	0.905	1.000	1.000	0.906	0.985	0.955
2°C로 제한	0.005	0.215	0.265	0.328	0.406	0.504	0.625	0.765	0.906	0.978	0.919
2.5°C로 제한	0.005	0.173	0.205	0.240	0.282	0.332	0.392	0.466	0.558	0.668	0.791
3°C로 제한	0.005	0.162	0.188	0.216	0.246	0.279	0.315	0.355	0.400	0.452	0.514
교토의정서											
미국을 포함한 교토의정서	0.005	0.090	0.094	0.092	0.089	0.087	0.086	0.086	0.085	0.085	0.086
미국을 제외한 교토의정서	0.005	0.026	0.021	0.020	0.020	0.020	0.009	0.012	0.015	0.019	0.024
강화된 교토의정서	0.005	0.105	0.184	0.286	0.374	0.425	0.460	0.489	0.515	0.538	0.556
스턴 보고서 할인	0.423	0.507	0.573	0.635	0.696	0.759	0.825	0.893	0.964	1.000	1.000
고어 제안서	0.005	0.250	0.450	0.650	0.850	0.950	0.950	0.950	0.950	0.950	0.950
저비용 백스톱	1.000	1.000	1.000	1.000	1.000	1.000	1.000	1.000	1.000	1.000	1.000

참고: 1차 기간의 배출-통제 비율은 별도의 연구가 없는 한 2008년에 시작한다. 이러한 통제 비율은 모든 '마이너스 비용' 감축을 넘어선다.

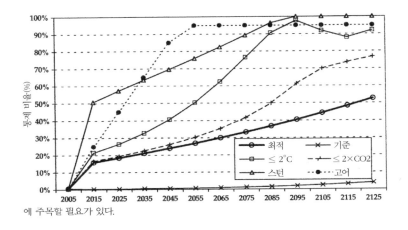

에 주목할 필요가 있다.

'야심적인' 고어와 스턴 전략의 경제적 문제점은 높은 배출-통제 비율과 이 전략들이 규정하는 탄소가격에서 나타난다. 21세기 중반까지 80~90%의 통제 비율을 달성하려면 (우리의 추정에 따르면) 탄소 1톤당 600~900달러 범위의 탄소가격이 요구된다. 이러한 가격에 따른 격차는 매우 크며 결과적으로 경제적 비용도 커진다. 이러한 탄소가격 추정치는 21세기 중반까지 전 세계 배출량을 1990년 수준의 50%까지 감축하자는 독일의 최근 제안에도 적용된다.

배출, 농도, 기후변화

• 배출

이번에는 기후변수에 대한 각 정책의 영향을 검토해보자. [표 5-6]
과 [그림 5-6]은 산업용 CO_2 배출 총량을 10년 단위로 보여준다.
DICE-2007의 베이스라인 또는 통제되지 않은 산업용 CO_2 배출량
예측치는 향후 수십 년간 급격하게 증가하여 2100년에는 연간 190억
톤에 이른다. 최적 정책의 경우에는 2100년 배출량이 연간 125억 톤
으로 제한된다.

연간 배출량은 배출 감축 시나리오의 경우 혹 모양의 패턴을 따른
다. 최적 정책의 경우 2100년 무렵에, 기후 규제의 경우 2050년 무렵
에 혹 모양을 이룬다. 효율적인 경로 중 어떤 것도—온도 상승을 2°C
로 제한하는 경로마저도—처음부터 배출 경로를 하향시킬 것을 요구
하지 않는다. 그에 비해 고어와 스턴의 '야심적인' 프로그램은 즉각적
인 배출량 감축 혹은 제한을 요구한다. 야심적인 제안에서 초기 배출
량 감축은 효율적으로 설계되어 혹 모양을 이루는 시나리오보다 비
용이 훨씬 더 많이 드는 과정으로 이어진다.

[표 5-6] 각 정책에 따른 10년간의 전 세계 산업용 CO_2 배출량

정책	2005	2015	2025	2035	2045	2055	2065	2075	2085	2095	2105
				(10년간의 산업용 탄소 배출량; 10억 톤 단위)							
통제 없음											
250년 지연	74.3	87.4	99.7	111.5	123.1	134.7	146.5	158.6	171.1	184.1	197.5
50년 지연	74.3	87.5	99.7	111.5	123.1	99.0	143.3	106.8	109.7	111.7	112.8
최적	74.3	73.7	81.6	88.3	94.2	99.3	103.6	107.2	110.1	112.1	113.1
농도 제한											
1.5×CO_2로 제한	74.3	50.1	41.6	30.7	28.7	27.0	25.6	24.5	23.5	22.7	22.0
2×CO_2로 제한	74.3	73.1	80.6	86.6	91.4	94.5	95.6	93.7	87.0	72.8	60.9
2.5×CO_2로 제한	74.3	73.7	81.6	88.3	94.2	99.3	103.6	107.2	110.1	112.1	113.1
온도 제한											
1.5°C로 제한	74.3	56.7	54.5	46.8	32.7	12.8	0.0	0.0	16.1	2.8	9.0
2°C로 제한	74.3	68.8	73.4	75.2	73.5	67.2	55.5	37.7	16.4	4.2	16.4
2.5°C로 제한	74.3	72.5	79.6	85.1	88.9	90.7	89.9	85.7	76.9	62.4	42.5
3°C로 제한	74.3	73.5	81.3	87.8	93.4	97.9	101.4	103.7	104.4	103.0	98.7
교토의정서											
미국을 포함한 교토의정서	74.3	79.8	90.7	101.7	112.8	123.9	135.2	146.8	159.0	171.8	185.3
미국을 제외한 교토의정서	74.3	85.4	97.9	109.8	121.3	132.9	146.5	158.6	171.7	184.1	197.5
강화된 교토의정서	74.3	78.5	81.6	80.0	77.6	78.1	80.0	82.0	84.3	86.8	89.6
스턴 보고서 할인	43.1	43.2	42.7	40.9	37.6	32.7	25.9	17.2	6.2	0.0	0.0
고어 제안	74.3	65.9	55.2	39.2	18.6	6.8	7.3	8.0	8.6	9.3	10.1
재배용 배수톤	0.0	0.0	0.0	0.0	0.0	0.0	0.0	0.0	0.0	0.0	0.0

참고: 별도의 언급이 없는 한 정책은 2008년에 도입된다고 가정한다.

균형의 문제

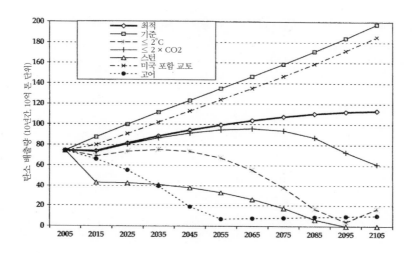

그림 5-6. 각 정책하에서 21세기 동안 10년간의 전 세계 산업용 CO_2 배출량. 2005년 수치는
실제값이다.

• 농도

[표 5-7]과 [그림 5-7]은 CO_2의 대기농도를 보여준다. 베이스
라인 농도는 2005년 380ppm에서 시작하여 2100년 686ppm,
2200년 1183ppm까지 상승한다. 최적 통제의 경우에 농도는 2100년
586ppm, 2200년 659ppm으로 제한된다. 경제적 최적화와 기후 제
한의 경우에 CO_2 농도 차이는 대부분 2050년 이후 발생한다.

[표 5-7] 각 정책하에서의 대기중 CO_2 농도

정책	2005	2015	2025	2050	2100	2200
			(대기중 탄소 ppm 농도)			
통제 없음						
250년 지연	379.8	405.2	432.7	507.9	685.9	1,182.6
50년 지연	379.8	405.2	432.7	507.9	602.9	667.6
최적	379.8	405.2	426.2	480.9	586.4	658.5
농도 제한						
1.5 x CO_2로 제한	379.8	405.2	415.1	420.2	420.2	420.2
2 x CO_2로 제한	379.8	405.2	425.9	479.0	557.8	558.0
2.5 x CO_2로 제한	379.8	405.2	426.2	480.9	586.4	658.5
온도 제한						
1.5°C로 제한	379.8	405.2	418.2	434.4	400.4	388.2
2°C로 제한	379.8	405.2	423.9	466.2	464.9	442.2
2.5°C로 제한	379.8	405.2	425.7	477.3	544.4	504.6
3°C로 제한	379.8	405.2	426.1	480.4	579.3	575.7
교토의정서						
미국을 포함한 교토의정서	379.8	405.2	429.1	496.0	660.3	1,166.2
미국을 제외한 교토의정서	379.8	405.2	431.7	505.6	684.0	1,181.5
강화된 교토의정서	379.8	405.2	428.5	474.9	543.8	629.2
스턴 보고서 할인	379.8	390.5	400.0	417.0	404.4	361.2
고어 제안	379.8	405.2	422.5	430.9	399.2	399.4
저비용 백스톱	379.8	370.3	363.3	352.2	340.3	325.2

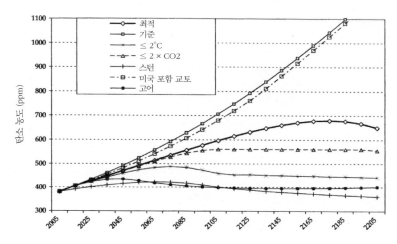

그림 5-7. 각 정책하에서 21세기 동안의 대기중 CO_2 농도. 2005년 수치는 실젯값이다.

• 온도 상승

[표 5-8]과 [그림 5-8]에는 지구 평균온도의 증가가 제시되어 있다. 2005년 베이스라인 기온 상승률은 0.73°C이다(1890~1910년 평균과의 비교). 베이스라인 시나리오의 예상 상승률은 2100년까지 3.06°C, 2200년까지 5.3°C다. DICE 모델 예측에 따르면 과거 배출량과 기후 관성 때문에 분명히 심각한 온난화가 진행될 것이다. 이에 비해 경제적 최적화의 경우에는 2100년까지 2.61°C, 2200년까지 3.45°C 상승할 것으로 예측한다.

고어와 스턴의 '야심적인' 정책 제안 이외의 모든 실행은 21세기 중반까지 매우 유사한 농도 및 온도 경로를 보인다. 경제적 또는 기후 제한이 있는 시나리오는 2050년 이후로 다른 경로에 비해 하향 추세를 보이기 시작한다. 야심적인 프로그램은 두 경우 모두 온난화가 약 1.6°C에서 최고점에 도달하면서 훨씬 더 급격한 하향 기울기를 보여준다. 물론 가장 성공적인 배출 제한은 배출이 사실상 0인 저비용의 대규모 대체 기술이다. 하지만 미래 배출량이 0인 경우에도 지구온도 상승률은 1°C에 근접한다.

이러한 수치에서 나타난 통합평가 분석의 심각한 결과 하나는 경제 및 기후 시스템의 관성으로 인해 21세기 동안 온도 경로에 큰 영향을 미치기가 매우 어렵다는 점이다. 최적 경로는 베이스라인에 비해 2100년 지구 평균온도를 약 0.5°C 감소시킨다. 배출량이 20세기 중반까지 베이스라인에 비해 50% 감소하더라도 지구온도 변화는 최소 2°C 이상일 것이다. 현재 가치로 25조 달러에서 34조 달러의 초과 감축 비용(전 세계 생산량의 1.2~1.7%)이 소요되는 야심적인 경로만이 2100년까지 지구온난화 둔화에 큰 효과를 발휘한다. 하지만 효율적인 정책은 장기간에 걸쳐 좀더 실질적인 영향을 미친다. 베이스라인과 비교해보면 최적 경로의 2200년 온도 감소 목표, CO_2 농도 2배 제한 목표, 2.5°C 온도 제한 목표는 각각 1.85, 2.46, 2.8°C다.

[표 5-8] 각 정책하에서의 지구 평균온도 변화 예측

정책	2005	2015	2025	2050	2100	2200
	(1900년 이후의 온도 상승, °C 단위)					
통제 없음						
250년 지연	0.73	0.96	1.20	1.82	3.06	5.30
50년 지연	0.73	0.96	1.20	1.81	2.72	3.52
최적	0.73	0.95	1.17	1.68	2.61	3.45
농도 제한						
1.5 x CO_2로 제한	0.73	0.94	1.10	1.36	1.61	1.78
2 x CO_2로 제한	0.73	0.95	1.16	1.67	2.48	2.84
2.5 x CO_2로 제한	0.73	0.95	1.17	1.68	2.61	3.45
온도 제한						
1.5°C로 제한	0.73	0.94	1.12	1.43	1.50	1.50
2°C로 제한	0.73	0.95	1.15	1.61	2.00	2.00
2.5°C로 제한	0.73	0.95	1.16	1.66	2.41	2.50
3°C로 제한	0.73	0.95	1.17	1.68	2.57	2.99
교토의정서						
미국을 포함한 교토의정서	0.73	0.96	1.18	1.76	2.94	5.23
미국을 제외한 교토의정서	0.73	0.96	1.20	1.81	3.05	5.29
강화된 교토의정서	0.73	0.95	1.17	1.66	2.39	3.26
스턴 보고서 할인	0.73	0.89	1.03	1.31	1.52	1.27
고어 제안	0.73	0.95	1.14	1.42	1.49	1.58
저비용 백스톱	0.73	0.80	0.84	0.86	0.90	0.83

참고: 온도 상승은 1900년 평균과의 비교값이다.

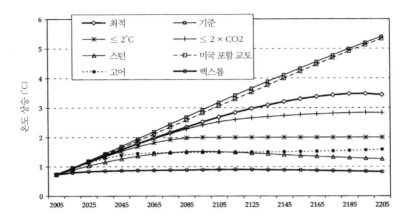

그림 5-8. 각 정책하에서 지구 평균온도 변화 예측. 온도 상승은 1900년 평균과의 비교값이다.

다른 경제적 변수

DICE 모델은 통합평가 분석의 일부인 다양한 경제변수 및 환경변수를 포함한다. [그림 5-9]는 대표적인 시나리오 집합에 대한 일인당 소비량을 나타내며 [그림 5-10]은 과거 및 미래의 탄소-생산량 비율을 보여준다.

추세를 살필 때는 두 가지 점에 유의해야 한다. 첫째, 이 모델은 (지난 40년 동안보다는 약간 느린 성장률이지만) 향후 급속한 경제 성장이 지속된다고 가정한다. 1960~2000년 동안 전 세계 일인당 평균 소비증가율(국가별 PPP 가중)은 연간 2.5% 수준이었다. DICE 모델의 2000~2100년 예상치는 연간 1.3%이다. 이는 2005년 일인당 소비액 6620달러에 비교하여 2105년에는 25000달러의 소비 수준으로 이어진다. 이러한 성장은 CO_2 배출량을 증가시키지만 생활수준도 향상시 키고 지구온난화에 대처할 자원도 제공할 것이다.

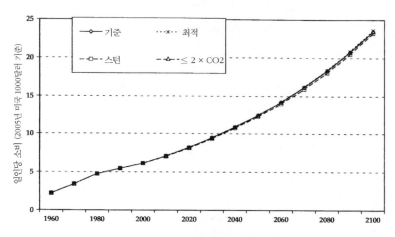

그림 5-9. 일인당 소비의 주요 실험. DICE-2007 모델 예측에서 일인당 소비 추세는 크게 상승 하고 있다. 또한 소비 수준은 각 정책들 간에 사실상 구별이 불가능하다.

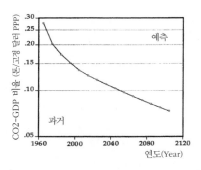

그림 5-10. 1965~2105년 전 세계 생산량의 과거 및 예측 탄소집약도. 전 세계 생산량의 고정 가격 단위당 CO_2 배출량으로 정의되는 생산의 탄소집약도에 대한 과거 및 DICE 모델 예측. 이 예측은 로그 척도이기 때문에 기울기는 평균 성장률을 나타낸다. (마이너스 성장률로 측정되 는) 탈탄소화 비율이 최근 몇 년간 둔화되고 있다는 점에 유의할 필요가 있다.

DICE-2007 예측의 두번째 특징은 [그림 5-10]에서 볼 수 있듯이 베이스라인에서 탈탄소화 속도가 느려지는 것이다. 1965~2005년 동안 CO_2-GDP 비율의 감소 추정치는 연간 1.7%다. 하지만 우리의 세분화된 전망에 따르면 저탄소연료로의 전환이 줄어들고 CO_2-GDP 비율이 높은 개발도상국들(예를 들면 중국)의 점유율이 높아질 것으로 예상된다. 이러한 추세는 다음 세기 동안 CO_2-GDP 비율의 하락이 연간 0.6%에 불과하다는 것을 의미한다. 이러한 추세는 교토의정서에 중요한 의미를 갖는데, 교토의정서는 고소득 국가만을 규제하기 때문이다. 이는 또한 우리가 지난 반세기 동안 누려온 '무료' 탈탄소화의 상당 부분이 앞으로 몇 년 후면 이용 불가능할 수 있다는 것을 의미한다.

덧붙여 우리는 몇몇 정책하에서는 소득 재분배 규모가 상당하다는 것을 강조한다. [그림 5-11]은 탄소수익이 이전되는 비율을 각 정책과 기간에 대한 총소비량 백분율로 보여준다. 수익 이전은 소비자로부터 생산자(허용량이 생산자에게 할당되는 경우) 또는 정부(효율적인 탄소세를 통해 규제가 부과되는 경우)로 이전되는 총 달러다. 소득 재분배는 특히 '야심적인' 계획에서 전 세계 소비의 상당 부분을 차지한다. 이 책의 마지막 장에서 이 수치들을 폭넓은 관점으로 살펴볼 것이다.

균형의 문제

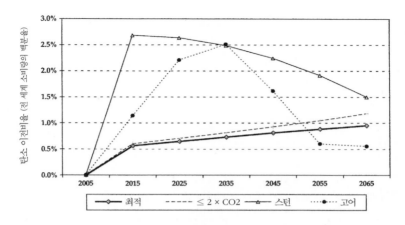

그림 5-11. 전 세계 탄소소비량의 백분율로 표시된 탄소수익 이전비율. 탄소 규제로 인해 소비자로부터 생산자와 납세자에게 이전된 총비율. 이 비율은 규제가 총량거래제로 부과된 것인지 아니면 탄소세로 부과된 것인지에 따라 다르게 적용될 것이다. 이전비율은 탄소가격과 탄소사용량의 곱을 전 세계 소비지출로 나눈 값이다.

• 추정 탄소세가 1999년 이후 상승한 이유는 무엇일까?

현재의 DICE 모델링은 이전 버전보다 훨씬 큰 최적 탄소세 추정치를 제시한다. 1999년의 RICE/DICE 모델에서 최적 탄소세는 2005년에 톤당 9.13달러로 추정된 반면, 현재 버전의 추정치는 톤당 27.28달러다. 이처럼 큰 차이를 어떻게 설명할 수 있을까?

앞 장에서 설명한 바와 같이 이전 버전 이후 DICE 모델 구조와 데이터에 많은 변화가 있었다. 모든 변화의 결과를 살펴보려면 매우 지루한 일이 될 것이며, 그보다는 최적 탄소세의 아주 간단한 근사치를 만들어 지름길로 갈 수 있다. 매우 단순화된 가정하에서 최적 탄소세는 $(Z{\times}TSC{\times}Y)/R$에 비례한다. 여기서 Z는 3°C에서 생산량 피해율, TSC

는 온도민감도 계수, Y는 전 세계 생산량, R은 평균할인율이다.[4]

[표 5-9]는 최적 탄소세의 명목가치 증가를 주요 결정요인으로 분석한 결과를 보여준다. 우리는 그 변화를 두 수치의 자연로그간 백분율 차이인 로그 백분율로 제시했다. 로그 백분율은 작은 수치의 일반적인 백분율 변화와 동일하다. 이는 일반적인 백분율 변화와 달리 덧셈이 가능하다는 장점이 있으므로, 로그 요소의 합계는 총합과 같다.

[표 5-9] DICE-2007과 DICE-1999의 주요 가정 및 결과 비교

변수	DICE/RICE-1999	DICE-2007	백분율 차이*
a 세계 GDP, 2005년	30.52	55.8	60
(미국 1조 달러)			
GDP 변화 요인:			
a1 인플레이션			32
a2 MER에서 PPP로의 변화			29
a3 추정 오차 + 구성 효과			-1
b 피해함수 변화			64
c 실질이자율 변동			-27
d 온도민감도 계수	2.90	3.00	3
e 요소 합계			100
f 탄소세, 2005년			
(탄소 톤당 달러)	9.13	27.28	109

참고: DICE/RICE-1999 모델의 추정치와 비교한 DICE-2007 모델의 주요 탄소세 결정요인.
* 백분율 차이는 자연로그에 있다. 따라서 1과 1.1의 차이는 $\ln(1.1) = 0.095 = 9.5\%$이며 1과 2의 차이는 $\ln(2) = 0.693 = 69.3\%$이다. 로그 백분율 사용의 이점은 다양한 결정요인의 합이 정확히 총계에 더해진다는 것이다.

표의 맨 아래 줄에서 볼 수 있듯이, 현재의 DICE 버전에서 2005년 최적 탄소세는 1999년 추정치보다 2.99배 더 높으며 로그 차이는 109%이다. 이러한 증가의 가장 큰 원인은 a열에서 볼 수 있듯이 이전 추정치보다 60%나 높은 명목상 세계 생산량의 증가 때문이다. 더 높은 수준의 세계 생산량은 거의 동일한 두 가지 요소에서 발생한다. 첫번째 요소로 a1에서 볼 수 있듯이 세계 생산량 증가의 32%는 인플레이션, 즉 단순히 1990년 가격에서 2005년 가격으로의 이동 때문이다. 더 놀라운 두번째 요소는 a2에서 볼 수 있듯이 시장 환율(market exchange rate, MER)에서 구매력지수(purchasing-power-parity, PPP) 환율로 이동하는 데서 기인하는 생산량 척도로, 이는 추정 세계 생산량에 29%의 변화를 가져온다. 이러한 변화는 이전의 MER 기반 추정치가 피해함수에 적용되는 소득 수준을 실질적으로 과소평가했다는 사실을 반영한다. a3에 제시된 (매우 작은) 마지막 요소는 개별 국가의 추정 오차(실질적인 마이너스 예측)와 구성 효과의 조합으로서 세계 생산량의 1%를 뺀 것이다.

이러한 증가의 두번째 원인은 b열에서 볼 수 있듯이 탄소세에 64%의 영향을 미치는 피해함수 변화에서 비롯된다. 이러한 증가의 주된 이유는 새로운 DICE 모델이 일부 지역의 낮은 온난화 속도에 따른 경제적 이익을 감소시키기 때문이다. 그 차이는 [그림 3-3]에서 볼 수 있다.

20년 동안의 할인율은 c열에서 볼 수 있듯이 탄소세 인상에 27%의 영향을 미친다. 할인율의 마이너스 영향이 발생하는 이유는 우리가 현재의 모델링 실행에서 재화의 실질수익률 추정치를 높였기 때문이다. 최종 요소는 d열에서 볼 수 있듯이 온도민감도 계수로서, 이 계수는 단순화된 모델에서 약간 높아지고 탄소세 인상에 3%의 영향을 미친다.

이 네 가지 요소의 총합은 e열에서 볼 수 있듯이 100 로그 %에 달한다. 즉 DICE-2007에서 계산된 탄소세가 DICE/RICE-1999에 비해 109% 증가한 것이다. 우리는 이 지점에서 두 가지 DICE 모델 추정치 차이의 분석을 마치기로 했다.

요약하자면, 마지막 버전의 추정치 이후 최적 탄소세의 명목상 추정치가 크게 상승하였다. 이러한 상승의 약 4분의 1은 인플레이션에 기인하고, 4분의 1은 PPP 생산량 기반으로 이동함으로써 발생하며, 2분의 1은 주로 더 높은 피해함수에 기인한다. 다른 요소들의 영향은 거의 0에 가깝다.

제 6 장
참여의 경제학

분석 배경

지구온난화 같은 공공재 문제의 중요한 특징 하나는 피해를 감축하기 위한 조치에 참여하려는 동기가 매우 다양할 수 있다는 점이다. 이 차이는 피해, 소득 수준, 정치 구조, 환경에 대한 태도 및 국가 규모에 따라 서로 다른 인식을 반영한다. 예를 들어 러시아에서는 최소한 제한적인 온난화가 이익이 될 거라고 믿는 반면 인도에서는 상당히 큰 피해를 입을 거라고 생각할 수도 있다. (고소득 국가만 참여하도록 요구받는) 기후변화협약과 (원칙적으로 주요 개발도상국을 배제하고 실질적으로 미국을 배제하는) 교토의정서의 구조는 정책의 현실적 분석이 국제협정에 대한 국가 또는 분야의 참여율을 다르게 허용해야 한다는 것을 시사한다. 결과적으로 차별적 참여를 반영하는 메커니즘이 없다면 지구온난화 모델링은 국가별로 차별화된 전략의 중요한 측면을 놓치게 될 것이다.

차별적 참여를 모델링하는 표준 접근방식은 의사결정자의 수준으로 세분화하는 것이다. 이 경우 미국의 주와 같은 하부단위로 세분화할 수도 있지만 주로 국가별로 세분화된다. 이전 버전의 DICE/RICE 모델은 여러 지역을 검토해 차별적 참여와 정책의 효과를 분석했다.

현재 버전은 참여 함수를 도입하고 있다. 이로써 국가의 하부단위는 조화된 방식으로 배출 감축을 진행하지만 국가 간의 평균을 내면 배출 감축이 진행되지 않는 모델 실행이 가능해진다. DICE 모델에서 감축 비용 방정식의 함수 형식 때문에 우리는 불완전한(그러나 조화된) 참여 결과에 대해 정확한 수학적 표현식을 도출할 수 있다. 이 새로운 설계는 교토의정서 같은 구조의 대안적 그룹화가 미치는 영향을 추정할 수 있도록 해준다.

우선 참여 함수의 대수학적 유도 과정을 설명해보자. 기후협약에 참여하는 국가는 극히 일부에 불과하다고 가정한다. 이 그룹은 $\varphi(t)$에 해당하는 배출량을 갖는다. 설명의 편의를 위해 참여국의 배출량-생산량 비율이 비참여국의 비율과 동일하다고 가정한다. 참여국의 통제 비율은 $\mu^P(t)$로, 비참여국 통제 비율은 $\mu^{NP}(t)=0$으로 정의한다. 모델링의 핵심은 배출의 한계비용이 배출권 거래 등을 통해 참여국 간에 동일하다는 것이다. 그런 다음 참여국의 감축 비용 $\psi^P(t)$와 합산 비용 $\psi(t)$를 다음과 같이 나타낸다.

$$\psi(t)=\psi^P(t)=Q^P(t)\theta_1(t)\mu^P(t)\theta_2,$$

여기서 $Q^P(t)$, $Q^{NP}(t)$ 및 $Q(t)$는 참여국 및 비참여국의 생산량 수준과 전 세계의 합계이며 $\theta_1(t)$과 θ_2는 감축 비용 함수의 파라미터다(변수의 정의는 부록을 참조할 것). 전체 통제 비율은 다음과 같이 나타난다.

$$\mu(t) = \mu^P(t)\varphi(t)$$

이제 $Q^P(t) = Q(t)\varphi(t)$를 대입하면 다음과 같은 방정식이 나온다.

$$\psi(t) = \{Q(t)\varphi(t)\}\theta_1(t)\{\mu(t)/\varphi(t)\}^{\theta_2}$$
$$= Q(t)\theta_1(t)\mu(t)^{\theta_2}\varphi(t)^{1-\theta_2}$$

이는 다음과 같은 완전한 참여의 감축 비용 함수와 비교된다.

$$\psi(t) = Q(t)\theta_1(t)\mu(t)^{\theta_2}$$

따라서 불완전한 참여하에 주어진 전 세계 통제 비율에 대한 감축 비용은 $\pi(t) = \varphi(t)^{1-\theta_2}$에 따라 증가한다. 여기서 $\pi(t)$는 '참여비용 차액'이다. 비참여로 인해 유발되는 비효율성도 존재한다. 비효율성은 한계비용 감축함수의 볼록함을 나타내는 파라미터($\theta_2 - 1$)의 지수함수다. 한계비용이 (경제적 의미가 없는) 상수라면 파라미터 ($\theta_2 - 1$)은 0이며 불완전한 참여로 인한 불이익은 없다. 반면에 (거의 모든 연구에서 확인되었듯이) 한계비용 함수가 보다 높은 감축 수준으로 상승하고 ($\theta_2 - 1$)>0인 경우, 특히 그 함수가 (대부분의 경험적 비용 연구에서 제시된 바와 같이) 볼록하다면 불완전한 참여에는 많은 비용이 소요된다.[1]

적용

우리는 정책의 효율성에 참여가 얼마나 중요한지 보여주는 세 가지 사례를 제시할 것이다. 교토의정서의 사례부터 시작하자. 우리가 분석한 주요 결과는 교토의정서가 비용은 높고 보상은 적은 반면 비싸고 비효율적인 접근방식이라는 것이다. 교토의정서의 모델링에 적용되었던 참여 함수를 이용하면 그 이유를 확인할 수 있다.

미국을 포함한 부속서 I 국가는 1990년 전 세계 CO_2 배출량의 약 66%를 차지했다. 우리는 비용 함수의 지수를 $\theta_2 = 2.8$로 추정한다. 66%의 참여하에서 불완전한 참여에 따른 비용은 완전한 참여에 따른 비용의 $(0.66)^{-1.8} = 2.1$배였다(여기서 완전한 참여는 전 세계 거래와 같다).[2] 하지만 2010년까지의 참여율은 (미국이 탈퇴하고 개발도상국의 비중이 증가함에 따라) 약 33%로 추산된다. 불완전한 참여에 따른 비용은 완전한 참여로 인한 전 세계 배출 감축비용의 $(0.33)^{-1.8} = 7.4$배로 추산된다.

또다른 사례를 통해 우리는 최적 정책이 참여율에 따라 어떻게 달라지는지를 살펴볼 수 있다. 이러한 실험에서 우리는 참여율이 외부 요인에 따라 0~100%까지 변동되도록 허용한다. 참고로 최초의 교토의정서는 1990년 배출량의 약 66%에 적용되었지만 현재 의정서는 2010년 배출량의 약 33%에 적용될 것으로 추정된다. 최적 정책에서는 참여가 감소함에 따라 전 세계 평균 탄소세와 통제 비율이 감소할 것이다. 이 실험을 위해 우리는 탄소 배출량, 전 세계 탄소세, 그리고 외부 참여율에 대한 배출-통제 비율을 최적화한다.

[그림 6-1]은 참여율 함수를 통해 2015년의 전 세계 최적 탄소세를 나타낸다. 100% 참여에 대한 최적 탄소세는 톤당 42달러([표 5-4]에 표시된 값)다. 하지만 비용 함수의 볼록함 때문에 전 세계 탄소세가 참여율에 비례하여 하락한다는 점에 유의할 필요가 있다. [그림 6-2]는 불완전한 참여로 인한 후생 손실을 보여준다. 이러한 결과는 다시 한번 완전한 참여가 얼마나 중요한지를 보여준다. 완벽하게 효율적인 정책을 설계하고 실행하더라도 참여가 불완전하다면 잠재 이익의 상당 부분을 잃게 된다.

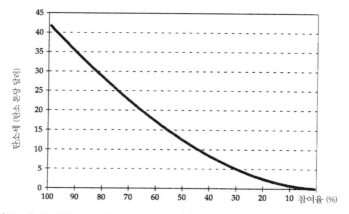

그림 6-1. 참여율 함수를 통해 본 2015년의 전 세계 평균 탄소세. 이 같은 특별 실행은 최적 정책을 전 세계 참여율의 함수로 계산한다. 이 수치는 2015년의 전 세계 평균 탄소세가 참여율에 따라 어떻게 달라지는지 보여준다. 참여율이 변해도 참여국의 탄소세는 사실상 변화가 없다.

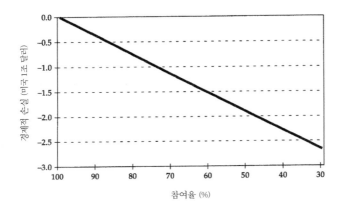

그림 6-2. 비참여로 인한 경제적 후생의 손실.

세번째 사례는 주요 국가들의 배출량 통제를 제한하는 시스템을 통해 우리가 전 세계 최적화에 얼마나 근접할 수 있는지 알아보는 것이다. 이 제안은 주요 배출국 10~15개 간의 기후변화 합의안 마련 계획을 수립한 2007년 5월 부시 행정부의 제안과 어느 정도 관련되어 있다.[3] 우리는 정책의 범위를 국가의 하부단위로 제한함으로써 발생하는 비용 불이익을 계산한다. 앞서 개발된 공식을 이용하면 제한적 참여에 따른 비용과 비교하여 보편적 참여의 정책 달성에 필요한 비용을 계산할 수 있다. [표 6-1]은 계산 결과를 나타낸다. 이러한 목적을 위해 우리는 일정한 2004년 배출량을 이용하여 비참여비용을 추정했다. 이러한 그룹화의 경우 우리의 추정치는, 거대 개발도상국들이 포함되는 한 향후 수십 년간 세계 배출량에서 거대 국가들이 차지하는 비율은 상대적으로 안정적이라는 것이다.

우리의 추산에 따르면 5대 배출국(미국, 중국, 러시아, 인도, 독일) 제한적 참여는 전 세계 배출량의 절반 이상을 좌우할 것이며 비용 불이익은 약 3배가 될 것이다. 이는 합의가 5개 주요 국가로 제한된다면 온도나 농도 안정 같은 기후 목표를 달성하기 위해 3배의 비용이 들 것임을 시사한다. 다른 적용에서 우리는 유럽연합과 9개 주요 국가(유럽이 아닌 4개국과 브라질, 캐나다, 일본, 멕시코, 남아공)을 포함시킨다. 이 나라들을 포함하면 전 세계 배출량의 75%를 다루는 협정으로 확대될 것이며 68%의 비용 불이익으로 이어질 것이다.

이러한 모든 실험은 배출 감축으로 지구온난화를 방지하는 것 같은 전 지구적 과제의 경우 높은 참여도 달성이 중요하다는 점을 분명히 보여준다. 마지막 실험은 주요 국가나 그룹을 포함하는 것이 완전한 참여라는 목표를 향한 실질적 발걸음이 될 수 있음을 시사한다.

제 7 장

기후변화 정책의 불확실성

불확실성의 일반적 배경

행동경제학 연구는 사람들이 세계에 대한 자신의 지식을 너무나 과대평가한다는 것을 거듭 보여주었다. 사람들은 가능한 결과의 범위를 과소평가할 뿐만 아니라, 알지도 생각지도 못한 힘이 자신의 계획과 기대를 뒤엎을 수 있다는 것을 종종 잊어버린다. 과도한 자신감의 문제는 DICE 모델처럼 컴퓨터화된 접근방식을 이용하는 분석 연구에서 쉽게 발생할 수 있다. 여기서 결과는 여러 유의미한 숫자로 매우 정밀하게 나타난다. 그런데 우리는 모델링 결과를 얼마나 확신할 수 있을까? 기후변화 정책에 있어서 불확실성을 계량화한다는 것의 함의는 무엇일까? 이것이 이 장에서 다룰 주제들이다.

불확실성이란 우리에게 무엇을 의미하는가? 현재 맥락에서 우리는 시스템이 미래에 어떻게 진화할지 확신할 수 없기에 불완전하게 이해되는 복잡한 시스템을 가지고 있다. 불확실성은 외생 변수와 시스템

자체에 대한 불완전한 지식에 기초한다. 그중 첫번째는 외생 요인 또는 외생적인 힘(인구 또는 온실가스 농도 등)이며, 우리는 이것의 과거에 관해서는 불완전하게 나마 측정할 수 있겠지만 미래에 관해서는 오류가 포함된 추정을 할 수 있을 뿐이다. 두번째는 이러한 외생적 영향을 받아 생산량, 배출량, 기후변화, 영향 등의 중요 변수를 생성하는 자연적·사회적 시스템이다. 이러한 방정식의 형식과 파라미터는 온전히 알려져 있지는 않으며 영향 같은 몇몇 경우에는 거의 알려지지 않았을 수도 있다.

우리는 이 모든 시스템이 (잠재적으로 매우 큰) 수치의 파라미터로 표현된다고 가정함으로써 단순화할 수 있다. 이러한 파라미터는 인구, 온도민감도, 생물권 탄소량, 재생 가능 자원의 기술변화 속도 등이 될 수 있다. 불확실성 분석의 목적은 첫째로 일련의 관리 가능한 파라미터를 식별하여 검토하는 것이고, 둘째로 중요한 파라미터 각각의 잠재 분포를 추정하는 것이며, 셋째로 중요한 질문에 대한 파라미터 불확실성의 영향을 추정하는 것이다. DICE 모델의 경우 우리는 먼저 기후-경제 시스템을 17개의 중요한 방정식과 44개의 중요한 변수들로 요약했다. 이 장에서는 분석을 8개의 주요 불확실성에 관한 것으로 한층 더 제한한다.

여기서 사용되는 확률의 성격을 설명할 필요가 있다. 이러한 확률은 주식시장 수익률이나 사망률에서 장기적으로 관찰되는 것과 같은 '객관적' 혹은 '빈도적' 확률이 아니라 프랭크 램지(1931년)와 L. J. 새비지(1954년)가 개발한 접근방식에서 파생된 '객관적' 또는 '판단적'

확률이다. 판단적 확률은 개인이 내리는 것이며, 관측된 사건에만 근거하는 확률이 아니라 현상에 대한 공식적·비공식적 추론에 근거하는 확률이다.

기후변화 분석에서는 일반적으로 판단적 확률을 사용할 필요가 있다. 해당 파라미터의 평가 근거가 되는 역사적 관찰이 제한되었거나 존재하지 않기 때문이다. 예를 들어 우리는 역사 자료로부터 지구온도 3°C 상승에 따른 경제적 영향을 추정할 수 없다. 인류 사회의 역사 기록에서 그런 형태의 지구적 변화는 일어나지 않았기 때문이다. 판단적 확률을 결정하는 단일한 방법론은 없다. 연구자들은 기본 분포에 대한 정보를 얻기 위해 개인적 판단, 투자 시장, 전문가 검토, 대안적 모델 또는 대안적 이론의 결과 비교 등 다양한 기법에 의존한다.

기후변화 불확실성의 영향을 검토하는 논문이 증가하고 있다. 이 분석은 일반적으로 세 가지 목적을 가진다. 첫째, 우리는 단순히 미래가 주요 변수들에 따라 얼마나 불확실한지 알고 싶을 수도 있다. 둘째, 우리는 기후변화 정책에 대한 불확실성의 영향을 검토하고 싶을 수도 있다. 셋째, 우리의 예측과 경제 및 자연 시스템 연구 모두에 대한 영향을 고려할 수도 있다. 이 장에서는 세 가지 목적 중 처음 두 가지만을 검토하고 잠재된 재앙적 결과의 의미를 생각해보는 것으로 마무리한다.

추정의 기술적 배경

시스템의 불확실성 분석을 수행할 때 첫번째 단계는 가능한 여러 가지 불확실성 중 무엇을 검토할지 결정하는 것이다. 우리는 DICE 모델을 이용한 초기 연구와 다른 학자들의 연구를 바탕으로 진전된 연구를 위해 DICE 모델의 주요 파라미터 중 다음 8가지 불확실성을 선택했다. 총 요소 생산성 증가율, 탈탄소화 비율, 인구 증가율, 백스톱 기술 비용, 피해-생산량 계수, 대기중 CO_2 유지 비율, 온도민감도 계수, 화석 연료의 총 이용 가능성. 기존 연구들은 이러한 파라미터들이 결과 및 정책에 가장 큰 영향을 미친다는 것을 보여주었다.

우리는 이러한 파라미터 각각에 대해 과학적 또는 경제적 불확실성에 근거한 파라미터의 주관적 확률분포를 추정했다. [표 7-1]은 불확실한 파라미터에 대한 가정을 요약한다. 이러한 분포는 실제로 판단적 확률이며 저자의 추정치라는 점에 유의해야 한다. 다른 연구자들은 이러한 파라미터들의 가치에 관해 다른 판단을 내릴 것이다.

TSP(temperature-sensitivity parameter: 온도민감도 파라미터)에 대한 파라미터 불확실성의 추정을 예로 들어보자. TSP의 중요한 추정치 세트 하나는 IPCC 4차 평가보고서(IPCC 2007b)에서 검토한 다른 모델에서 가져온 것이다. 이 보고서는 16가지 대기-해양 일반 순환 모델(Atmosphere-Ocean General Circulation Models, AOGCM)의 평균 TSP가 3.3°C이고 표준편차가 0.7°C임을 보여준다. 또한 우리는 DICE 기후 모델 설계와 CO_2, 기타 강제력, 지구 평균온도의 역사적 데이터를 사용하여 시계열 추정치를 검토한다. 이에 따른 추정치는 TSP 2.1°C와 계수의 표준오차 0.53°C로 나타났다. 이러한 우도 함수(likelihood function)를 결합하여 우리는 2.8°C의 결합 추정치와 0.5°C의 표준오차를 얻는다. 이 결합 추정치는 IPCC 중앙 추정치인 3.0°C에 상당히 가깝다. 불확실성 실행에 있어서 우리는 모델과 경험적 추정치가 불확실성을 과소평가할 가능성이 높다는 가정에 근거하여 결합된 표준오차를 두 배로 증가시켰다. 이 연산은 [표 7-1]에 표시된 수치를 산출한다. 아래에서는 비정규 분포를 이루는 대안적 추정에 관해 논의할 것이다.

[표 7-1] 불확실성 실행에서 불확실한 파라미터에 대한 주요 가정

변수	정의	단위	평균	표준오차
g(TFP)	총 요소 생산성 증가율	1년	0.0092	0.0040
g(CO₂/GDP)	탈탄소화 비율	1년	-0.007	0.002
T2 X CO₂	온도민감도 계수	CO₂ 2배 증가시 °C	3.00	1.11
DamCoeff	피해 생산량 계수	전 세계 생산량의 분율	0.0028	0.0013
	(전 세계 생산량 피해 방정식의 절편)			
P(back)	백스톱 기술 비용	대체된 탄소 톤당 달러	1,170	468
Pop	세계 인구	백만 명	8,600	1,892
CarCyc	탄소순환의 대기분율	10년	0.189	0.017
Fosslim	화석연료의 자원량	탄소 10억 톤	6,000	1,200

참고: 이 장에서 사용된 불확실한 파라미터의 평균값 및 표준편차. 파라미터 도출에 대한 자세한 설명은 다음을 볼 것. "Accompanying Notes and Documentation of DICE-2007 Model" (Nordhaus 2007a).

그 다음 우리는 8가지 파라미터를 무작위로 추출하여 DICE 모델을 100회 실행한다. 여기서 불확실한 변수는 독립적인 정규 확률분포를 이룬다고 가정하며, 잘못된 신호를 가진 파라미터는 배제한다. 우리가 정규 분포를 가정하는 이유는 무엇보다 그 특성을 완전히 이해

균형의 문제

하기 때문이다. 일부 변수, 특히 편향되거나 '두꺼운 꼬리(fat tail)'를 가진 변수들에 대해서는 다른 분포를 선호할 이유가 충분하다. 그러나 다른 확률분포를 도입하는 것은 현재 단계에서 지극히 추측에 의존하는 것이며, 이 책에서 다루는 제한적 분석을 넘어서는 주제다.

불확실성 추정은 다음과 같이 분석적으로 설명할 수 있다. 이러한 계산에서 우리는 불확실한 변수가 주어진 값의 집합을 갖는다고 가정하면서 (통제 없는) 베이스라인 사례에 대한 주요 변수를 예측한다. (여기서 사용한 기호는 이 책의 나머지 부분과는 약간 다르다.) y_t를 내생적 변수(생산량, 배출 등)라 하고, z_t를 외생적인 비확률 변수(기타 온실가스, 토지 기반 배출 등)라 하며, $\theta = [\theta_1, . . , \theta_8]$을 8개의 불확실한 파라미터(총 요소 생산성, 인구 증가율 등)라 하자. 그러면 DICE 모델의 구조를 도식적으로 다음과 같이 나타낼 수 있다.

(7.1) $y_t = H(z_t \,; \theta)$,

여기서 $H(z_t \,; \theta)$는 DICE 모델의 구조를 나타낸다.

앞 장에서는 불확실한 파라미터가 기댓값인 $\theta^* = E(\theta)$를 취한다고 가정했다. 이 장에서는 불확실한 파라미터가 정규 분포 $\theta \approx N(\theta^*, \sigma_t)$를 이루며 평균 θ^*과의 추정적 혹은 주관적 표준편차는 σ_t라고 가정한다. 불확실한 실행의 경우, 각각의 분포에서 8개의 불확실한 파라미터를 무작위로 100회 추출하여 수열 $\theta^{(i)} = [\theta_1^{(i)}, . . \theta_8^{(i)}]$, $i = 1, .$ 100을 산출한다. 그런 다음 각 수열에 대해 DICE 모델을 실행하고

100회의 무작위 실행을 산출한다.

(7.2) $y_t^{(i)} = H(z_t ; \theta^{(i)})$.

그런 다음 100회의 무작위 실행에 따른 결과 분포를 계산한다. 계산이 용이하도록 모델을 살짝 단순화했기 때문에 이 장과 앞 장의 실행에는 약간의 차이가 있다는 점에 유의하자.

다양한 불확실성의 중요함

가장 먼저 다양한 불확실성 변수가 DICE 모델의 주요 결과에 미치는 영향을 계산한다. 이러한 실험을 위해 베이스라인 실행을 수행한 다음 각각의 불확실한 파라미터를 변경한다. 그리고 -6 정규 표준편차부터 +6 정규 표준편차까지의 분포를 검토한다. [표 7-2]와 [표 7-3]은 두 가지 중요 변수인 2005년 탄소의 사회적 비용과 2100년 전 세계 CO_2 배출량 계산을 보여준다. 각 표는 각각의 불확실한 변수들이 평균값에서 평균값 + 시그마(첫번째 열에 표시된 정규 표준편차의 차수)로 변경된 계산 결과를 보여준다. 결과가 충분히 선형적이어서 패턴을 정확하게 보여주기 때문에 한쪽으로의 영향만을 제시하였다.

마지막 두 열은 파라미터에 대한 우리의 지식을 고려하여 파라미터가 위치할 가능성을 나타내는 확률 범위를 제시한다. 더 정확히 말하면 이 열들은 불확실한 변수가 정규 분포와 t 분포에 있어서 적어도 추정치만큼 중심에서 멀리 떨어져 있을 확률을 나타낸다. 예를 들어 변수가 정규 분포, 적어도 3 시그마(표준편차)에 위치할 확률은

[표 7-2] 탄소의 사회적 비용에 대한 불확실성 결과, 2005년

여러 가지 불확실성 파라미터에 대한 SCC 값
(2005년 탄소 톤당 달러)

Sigma	g(TFP)	g(CO_2/GDP)	T2 x CO_2	DamCoeff	P(back)	Pop	CarCyc	Fosslim	Prob(x≥x*) Normal	t(5)
0	28.10	28.10	28.10	28.10	28.10	28.10	28.10	28.10	0.5000	0.5000
1	36.07	28.27	38.07	40.99	28.10	32.14	29.16	28.10	0.1587	0.2047
2	48.08	28.43	46.44	53.89	28.10	35.91	30.32	28.10	0.0228	0.5079
3	51.21	28.60	53.49	66.80	28.10	39.44	31.61	28.10	0.0013	0.0169
4	54.68	28.76	59.47	79.73	28.10	42.75	33.04	28.10	3.17E-05	0.0057
5	58.52	28.92	64.59	92.66	28.10	45.84	34.62	28.10	2.87E-07	0.0022
6	62.80	29.09	69.03	105.61	28.11	48.75	36.39	28.10	9.87E-10	0.0010

참고: 탄소의 사회적 비용 파라미터의 평균값 및 평균에 시그마를 더한 후 '시그마' 열의 표준편차 차수를 공란 값으로 표시된다. 각 열은 다른 모든 파라미터를 평균값으로 유지하면서 해당 파라미터만 변경한 결과를 보여준다. 우리는 탄소의 사회적 비용이 증가하는 방향으로 파라미터를 변화시켰다. 예를 들어 피해-생산량 계수가 평균보다 1 표준편차 위에 있다면 탄소의 사회적 비용은 정규 분포 평균값인 탄소 1톤당 28.10달러가 아니라 1톤당 40.99달러가 된다.

* 변수 설명: Sigma = 평균에서 표준편차의 차수; g(TFP) = 총 요소 생산성 증가율; g(CO_2/GDP) = 탄원소화 비용; T2 x CO_2 = 온도민감도 계수; DamCoeff = 피해-생산량 계수; P(back) = 백스톱 기술 비용; Pop = 점근적 세계 인구; CarCyc = 탄소순환의 대기 분뜰; Fosslim = 화석연료의 자원량; Prob(x≥x*) = 자유도가 5인 정규 분포 및 스튜던트 t 분포(Student's t-distribution)에서 해당 시그마 수준의 x가 x*를 초과할 확률

[표 7-3] 전 세계 CO_2 배출에 대한 불확실성 결과, 2100년

여러 가지 불확실성 파라미터에 대한 전 세계 CO_2 배출
(연간 탄소 10억 톤)

Sigma	g(TFP)	g(CO₂/GDP)	T2×CO₂	DamCoeff	P(back)	Pop	CarCyc	Fosslim	Prob(x)x*)	
									Normal	t(5)
0	19.08	19.08	19.08	19.08	19.08	19.08	19.08	19.08	0.5000	0.5000
1	30.99	21.95	19.18	19.18	19.08	22.84	19.08	19.08	0.5187	0.2047
2	50.19	25.19	19.28	19.28	19.08	26.42	19.09	19.08	0.0228	0.0579
3	78.20	28.83	19.38	19.38	19.08	29.84	19.10	19.08	0.0013	0.0169
4	103.92	32.91	19.8	19.48	19.08	33.06	19.10	19.08	3.17E-05	0.0057
5	65.19	37.36	19.59	19.59	19.07	36.08	19.10	19.08	2.87E-07	0.0022
6	24.61	42.22	19.70	19.70	19.07	38.90	19.11	19.08	9.87E-10	0.0010

참고: 파라미터의 평균값 및 평균에 대한 시그마를 더한 후 '시그마' 열의 표준편차 치수를 포함한 값에 대한 2100년 예상 CO_2 배출량. 각 열은 다른 모든 파라미터를 평균값으로 유지하면서 해당 파라미터만 변경한 결과를 보여준다. 예를 들어 총 요소 생산성 증가율이 평균보다 2 표준편차 위에 있다면 추정 탄소 배출량은 기준 추정치인 연간 191억 톤이 아니라 연간 502억 톤이 된다. 화석연료가 2100년까지 거의 소진되기 때문에 시그마가 높은 생산성 증가율의 경우 탄소 배출량이 감소한다는 점에 유의해야 한다.

* 변수 설명: Sigma = 평균에서 표준편차의 치수; g(TFP) = 총 요소 생산성 증가율; g(CO₂/GDP) = 탄소집약도 비율; T2 x CO2 = 온도민감도 계수; DamCoeff = 피해-생산함수 계수; P(back) = 백스톱 기술 비율; Pop = 접근대 세계 인구; CarCyc = 화석순환의 대기 분율; Fosslim = 탄소연료의 자원량; Prob(x)x*) = 자유도가 5인 정규 분포 및 스튜던트 t 분포에서 해당 시그마 수준의 x가 x*를 초과할 확률

144   균형의 문제

0.0013이다. 마찬가지로 변수가 정규 분포 평균값에서 5 시그마를 초과할 확률은 3×10^{-7}이다. 추가적으로 $t(5)$는 5의 자유도를 가진 t 분포에 대한 p값을 보여준다. 관측치의 작은 표본에서 파라미터를 추정하며 파라미터에 대해 따로 유용한 정보가 없다면 이러한 분포가 적합할 것이다. '적당히 두꺼운 꼬리를 지닌 분포'인 $t(5)$ 분포의 경우 5 시그마 확률은 0.0022이다.

또한 [그림 7-1]은 1900년부터 2100년까지의 지구온도 상승에 있어서 다양한 파라미터에 대한 불확실성의 영향을 보여준다. 이 수치는 백스톱 기술 비용, 피해-생산량 계수, 탄소연료 자원 제한이 지구온도 상승의 불확실성에 중요하지 않다는 것을 나타낸다. 이러한 사실은 해당 변수에 대한 평탄한 직선으로 나타나며, 6 시그마를 넘어가도 2100년까지의 온도 상승에 뚜렷한 영향이 없음을 나타낸다.

지금까지 기후 결과에 있어서 가장 중요한 불확실성 변수는 총 요소 생산성 증가율이다. 총 요소 생산성은 장기적으로 경제 성장의 주된 동인이며, 생산량 추이가 배출량 추이와 그에 따른 기후변화를 좌우하는 경향이 있기 때문이다. 따라서 생산성은 가장 중요한 불확실성 변수다. 두번째로 중요한 변수는 놀랍지 않게도 온도민감도 계수다. 어느 정도 중요한 변수는 인구 증가, 탈탄소화 비율, 탄소순환이다.

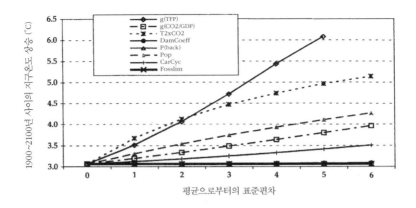

그림 7-1. 불확실성 파라미터의 함수로서 지구온도 상승. 각 파라미터의 평균값과 주어진 표준편차 차수에 대해 1900~2100년까지 추정된 지구 평균온도 증가가 수평축에 표시된다.
* 변수 설명(상세한 정의는 [표 7-1] 참조): g(TFP) = 총 요소 생산성 증가율; g(CO₂/GDP) = 탈탄소화 비율; T2 x CO₂ = 온도민감도 계수; DamCoeff = 피해-생산량 계수; P(back) = 백스톱 기술 비용; Pop = 점근적 세계 인구; CarCyc = 탄소순환의 대기 분율; Fosslim = 화석연료의 자원량

이러한 파라미터 계산에서 다음과 같은 두 가지 요점이 도출된다. 첫째, 미래 예측에는 매우 큰 불확실성이 존재한다. 가장 중요한 불확실성은 생산성 향상을 둘러싼 것이며 온도민감도 계수, 인구 증가, 탈탄소화 비율 등의 변수는 두번째로 중요하다. 둘째, 불확실성은 각각의 불확실성 수준에서 선형적으로 나타난다. 즉 파라미터에서 2k-시그마 변화의 영향은 일반적으로 파라미터에서 k-시그마 변화의 영향의 2배에 가깝다. 예외는 백스톱 기술 비용이 0에 가까울 때나 화석연료가 고갈되었을 때와 같은 임계점에서 나타난다.

적용

그다음으로는 모든 불확실성 변수를 함께 고려한 영향에 대해 검토한다. 이는 변수 간의 상호작용과 DICE 모델의 비선형성 때문에 예상치 못한 결과를 초래할 수 있다.

첫번째 단계는 모든 불확실성을 함께 고려한 DICE 모델에서 예측의 불확실성을 추정하는 것이다. [그림 7-2]와 [그림 7-3]은 이 실험의 두 가지 결과를 보여준다. [그림 7-2]는 현재부터 2155년까지 지구 평균온도 상승의 불확실성 범위를 보여준다. 이 그림은 가장 가능성이 높은 결과(앞 장들에서 분석한 것과 동등한 확실성이다)와 100회 실행의 평균과 평균 ±1 표준편차(2 시그마 범위)를 보여준다. 정규 분포 변수의 경우, 그림에 표시된 2 시그마 범위는 가능한 결과의 약 68%를 포함할 것이다. 이러한 시뮬레이션은 1900년부터 2155년까지의 온도 상승에 대한 68% 신뢰 범위가 2.5°C에서 6.0°C 사이임을 나타낸다. 이러한 불확실성은 분명히 매우 크다고 할 수 있다.

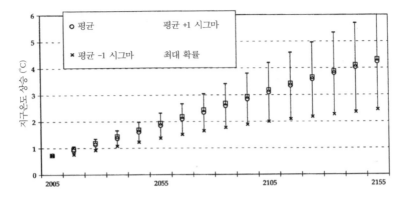

그림 7-2. 지구 평균온도 상승의 불확실성 범위. DICE 모델의 불확실성 실행은 100회의 무작위 실행에 대한 온도 변화 분포를 생성한다. 이 그림은 100회 실행의 평균, 확실성 구간('최대 확률'), 각 실행의 평균 ±1 표준편차를 보여준다.

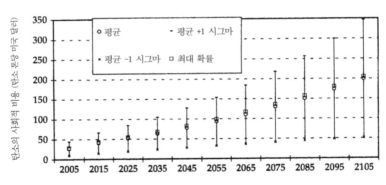

그림 7-3. 탄소의 사회적 비용에 대한 불확실성 범위. 미래의 서로 다른 시점에서 탄소의 사회적 비용에 대한 현재의 불확실성 범위. 막대 중앙에 있는 사각형과 원은 각각 SCC의 확실성 구간과 100회 실행의 평균 SCC이다. 기호 설명은 [그림 7-2]를 참조할 것.

균형의 문제

[그림 7-3]은 베이스라인 실행에서 무작위 추출에 의해 발생하는 탄소의 사회적 비용(SCC) 추정치를 보여준다. 현재(2005년) 탄소의 사회적 비용을 살펴보면 평균 추정치(톤당 26.85달러)가 가장 가능성 높은 추정치(톤당 28.10달러)보다 약간 낮은 것으로 나타난다. 이 중요한 발견은 확실성 모델의 추정치가 불확실성 모델의 추정치에 매우 근접했음을 보여준다.[1] 두번째 발견은 2005년 SCC의 2 시그마 범위(평균 ±1 표준편차)가 탄소 1톤당 9.62달러에서 44.09달러 사이라는 것이다. 또한 우리는 제3장([그림 3-2] 참조)에서 동일한 과정을 통해 생성된 베이스라인 실행에서의 전 세계 CO_2 배출량에 대한 불확실성 범위를 제시했다.

정규 분포 가정의 경험적 중요성을 시험하기 위해 우리는 온도민감도 계수(TSC)에 대한 대안적 분포를 사용하여 추가로 일련의 실행을 진행했다. 이 실행에서는 위에서 설명한 TSC의 시계열 추정치에 의해 생성된 우도 함수를 사용했다. 이러한 추정치의 경우 우도 함수는 실제로 비대칭이다(우측 기울기). 최초의 불확실성 실행에 예상 분포의 비대칭성을 추가하여 TSC의 평균 및 표준편차와 동일하도록 우도 함수를 조정함으로써 TSC에 대한 대안적 분포를 생성했다. 그런 다음 추가된 100회 실행에 대한 모든 결과 변수를 다시 추정했다. 이러한 대안적 실행에서 대부분의 변수 분포에 아주 작은 변화가 있었다. 하지만 TSC의 기울기와 피해함수의 비선형성 때문에 피해의 평균치는 더 높아졌고 결과적으로 베이스라인에서 탄소의 사회적 비용도 약 1% 더 높아졌다. 이러한 결과가 확정적이지는 않지만, 비정규 분포를 따르도록 계수를 조정하는 것은 평균과 표준편차를 정확하게 추정하는 한 결과에 큰 영향을 끼치지 않는다는 점을 보여준다.

이러한 결과에 대한 적절한 해석은 무엇일까? 자연 자체가 이처럼 거대하고 무작위적인 힘에 종속되어 있다고 해석해서는 안 된다. 오히려 먼 미래 자연의 힘에 대한 우리의 지식은 극히 제한적이라는 것이 적절한 해석이다. 이러한 결과는 변수의 실제 경로가 그림에 표시된 범위 내에 존재하는 합리적 신뢰도(대략 2/3 확률)를 가질 것이라고 말해주지만, 현재의 정보로는(적어도 저자가 추정한 정보로는) 이러한 예측의 정밀도를 향상시킬 수 없다. 더 발전된 과학, 경제, 모니터링 그리고 시간의 경과가 향후 몇 년 동안 이러한 불확실성을 줄여줄 것이다.

높은 기후변화 결과에 대해 위험 프리미엄을 지불해야 하는가?

우리는 불확실성 실행을 추가로 적용하여 높은 기후변화 결과의 위험 속성에 관련된 중요한 질문을 검토한다. 여기서 쟁점은 경제가 가장 높은 기후변화 결과의 위험을 회피해야 하는지 여부다. 언뜻 보기에 대답은 분명히 '그렇다'이다. 높은 기후변화는 온도 변화가 3°C, 4°C, 5°C고 주요 피해 임계점이 나타날 수도 있기에 우리가 높은 보험료를 지불해야 할 시나리오로 보인다. 결국 이러한 결과는 많은 집이 불타버리는 것과 맞먹는 기후 재난이며, 우리는 이를 피하기 위해 높은 위험 프리미엄을 지불해야 할 것이다.

그러나 좀더 생각해보면 대답은 모호해진다. 위험과 보험의 현대적 이론에 따르면 다양한 결과에 대한 위험 프리미엄은 다양한 세계의 상황에서 소비와 위험의 상관관계에 따라 결정된다. 소비-자본-자산 가격결정 모형(consumption-capital-asset pricing model, CCAPM)으로 알려진 이 접근방식은 모든 불확실한 상황에서 보험에 가입할 수 있고 모든 유형의 위험에 대한 보험시장이 존재하는 세계에서 위험 프리미엄의 근본적인 결정요인을 살펴본다.[2] 우리가 상대적으로 가난할 때 나쁜 결과가 발생할 경우, 어떤 상황은 불리한 위험 특성을 갖게 되고 위험 프리미엄을 요구한다. 따라서 집이 타버렸을 때 우리가 상대적으로 가난해질 가능성이 높다면(이는 집안이 온전할 때와 비교하면 명백한 상황으로 보인다) 화재보험에 위험 프리미엄을 지불해야 한다. 하지만 만약 20년 후에 누군가 우리집에서 10억 달러짜리 그림을 훔치는 것처럼 우리가 매우 부자일 때만 일어날 사건이라면, 그런 예술품 도난에 대한 위험 프리미엄을 오늘 지불하는 일은 현명하지 못할 것이다.

따라서 높은 기후변화 상황에 상당한 위험 프리미엄이 있는지 판단하려면 높은 기후변화의 결과 우리가 상대적으로 부유한 상황인지, 아니면 빈곤한 상황인지 알아야 할 필요가 있다. 우리에게는 불확실한 결과를 발생시키고 그에 수반되는 소비 수준을 제공하는 일반균형 모델이 필요하며, 그것이 바로 DICE 모델 실행에서 수행하는 작업이다. 높은 기후변화는 우리가 부유할 때만 발생하며 따라서 우리가 그 위험을 매우 잘 감당할 수 있다고 가정해보자. 이 경우 우리는 대체로 높은 소득과 높은 기후변화 결과의 위험을 줄이기 위해 많은 보험료를 지불함으로써 낮은 소득 결과에서 높은 소득 결과로 소득을 재분배하려 들지 않을 것이다.

그러므로 우리가 나쁜 기후 결과에 대해 위험 프리미엄을 지불해야 하는지에 대한 대답은 우리의 소득(또는 엄밀히 말하자면 소비 한계효용)과 기후 결과의 상관관계에 따라 달라진다. 100회의 무작위 실행에서 이 변수들 사이의 상관관계를 분석함으로써 그 관련성을 검토할 수 있다. [그림 7-4]는 2105년 기준의 100회 실행에서 일인당 소비량과 온도 상승 분포를 보여주지만, 다른 해에도 이와 유사한 분포가 유지된다. 여기서 놀라운 점은 큰 기후변화 결과가 소비와 긍정적으로 연관된다는 것이다. 이는 큰 기후변화 결과가 (소비가 증가하면 소비한계효용이 감소하기 때문에) 소비의 한계효용과 음의 상관관계에 있다는 것을 암시한다. 지구온도가 매우 높게 상승하는 상태는 미래에 우

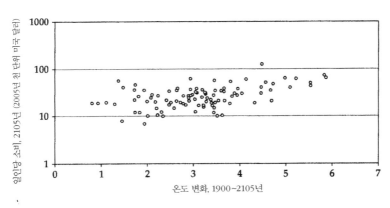

그림 7-4. 2105년의 온도 변화와 소비. 수직축은 100회의 무작위 실행에서 2105년 예상되는 일인당 소비를 보여준다. 수평축은 각 실행과 관련된 온도 변화를 보여준다. 이런 결과는 높은 기후변화 시나리오가 일인당 소비량이 높은 시나리오임을 나타낸다.

리의 평균적인 부가 증가하는 상태이기도 하다. 이는 사실상 높은 기후변화 결과에 마이너스 위험 프리미엄이 존재한다는 역설적 결과로 이어진다.

이처럼 놀라운 결과가 나타나는 이유는 우리의 불확실성 실행에서 다양한 기후 결과를 만들어내는 주요 요인이 차별적인 기술 변화이기 때문이다. [표 7-1]의 불확실성 분석 파라미터에 따르면 총 요소 생산성 증가에 대한 불확실성은 연간 0.4%로 추정되며 이는 1세기 동안 2.2, 2세기 동안 4.9의 2 표준편차 불확실성 요소로 이어진다. 우리의 추정치에서 생산성 불확실성은 온도 변화와 소비의 관계를 결정하는 데 있어서 기후 시스템의 불확실성과 피해함수를 능가한다.

이러한 결과는 분명히 다양한 파라미터에 대한 불확실성의 추정치에 따라 달라지며 서로 다른 모델을 사용하여 추정해야 한다. 그러나 요점은 앵무새처럼 '나쁜 기후 = 높은 위험 프리미엄'이라고 간단히 말할 수 없다는 것이다. 위험 프리미엄의 크기와 신호는 위험의 원천에 따라 달라진다. 여기서 발견된 마이너스 위험 프리미엄은 우리가 다양한 시나리오의 위험성을 위험 프리미엄 결정의 완전한 모델이라는 맥락에서 보아야 한다는 점을 상기시키며, 단순히 부분적 균형 구조에서 나쁜 시나리오를 바라본다면 애초에 불확실성과 나쁜 시나리오를 결정하는 근거가 무엇인지 놓치게 된다는 점도 상기시킨다.

이 점을 다르게 표현하기 위해 무작위 실행을 2100년의 가장 높은 온도 상승('높은 기후변화')에서 50회, 또한 가장 낮은 온도 상승('낮은 기후변화')에서 50회 수행해보자. 높은 기후변화의 경우 2100년까지 평균 3.9°C의 온도 상승이 나타나는 반면 낮은 기후변화의 경우 평균 2.5°C의 온도 상승이 나타난다. 기후 피해는 높은 기후변화의 경우 생산량의 4.4%고 낮은 기후변화의 경우 생산량의 1.6%며, 평균 생산량 피해는 3.0%다.

높은 기후변화 경우의 전망에 대한 위험 회피 때문에 3.0%가 증가되어야 한다고 예측할 수도 있다. 하지만 이런 추론은 정확하지 않다. 세계는 낮은 기후변화 상태보다 높은 기후변화 상태에서 더 부유해질 것으로 예측된다. 무작위 실행에서 일인당 소비량은 높은 기후변화 상태일 때 40% 더 높다. 우리가 가정한 효용함수의 경우, 높은 기후변화 상태의 소비 한계효용은 낮은 기후변화 상태의 약 절반이다(비선형성 때문에 이는 하위표본의 평균으로 계산한 결과와는 다를 것이다). 모든 상태에서 소비 한계효용에 따라 피해율을 가중해보면 가중된 평균 피해율은 생산량의 3.0%인 평균 피해율이나 혹은 더 높은 수치와 다르며 오히려 생산량의 2.1%와 같다. 다시 말해서 위험 가중 피해율은 확실성 등가 피해율보다 낮다.

이러한 대략적 계산은 위험 분석을 수행하는 데 있어서 권장되는 접근방식이 아니라는 점에 유의하자. 바람직한 방법은 기본으로 돌아가서 불확실성의 전체 범위를 고려하여 효용의 기대 가치를 극대화하는 것이다. 예를 들어 탄소의 사회적 비용 기댓값을 알고 싶다면 분배에 어떤 위험 프리미엄을 적용해서는 안 된다. 오히려 [그림 7-3] 뒤에 있는 계산을 살펴봐야 하며, 이는 SCC의 기댓값이 실제로 확실성 등가 피해율보다 낮음을 보여준다. 이런 결과가 나타나는 이유는 명백한 마이너스 위험 프리미엄이 나타나는 이유와 비슷하다. 중요한 점은 결과에 위험 프리미엄을 적용하는 방식과 같이 단순 계산을 한다면 불확실성의 이유에 대해 완전한 평가가 없는 한 잘못된 결과를 초래할 수 있다는 것이다.

주택의 예는 이런 역설을 분명히 보여준다. 우리가 미래의 낮은 경제 성장 결과로 동굴에 살게 되는 반면, 미래의 높은 경제 성장 결과로 네 개의 웅장한 저택을 갖게 된다고 가정해보자. 높은 성장 경로에서는 그에 따른 지구온난화로 저택 넷 중 하나가 불타 없어지지만 저성장 경로에서는 동굴이 손상되지 않고 남아 있다. 높은 성장과 높은 손실의 경우에서 웅장한 저택이라는 높은 피해를 감당하려면 오늘의 우리는 어떤 위험 프리미엄을 지불해야 할까? 오늘의 비용이 낮은 성장과 동굴 상태에서 우리의 행복에 더 큰 효용적 영향을 미칠 것이며 동굴 결과에서 우리의 주거지에 영향을 미치지 않을 것이라는 점을 감안할 때, 우리는 웅장한 넷 중 하나의 손실을 과소평가할 필요가 있다.

이런 가상의 사례는 위험과 기후변화의 심각한 문제들과 무관해 보일지도 모른다. 아마도 우리는 2100년의 저택과 동굴에 관해 진지하게 생각하지 않겠지만, 이것이 암시하는 분석적 요점은 매우 중요하다. 만약 급속한 경제 성장으로 인해 피해가 발생한다면 우리는 높은 피해를 유발하는 상태에 대한 마이너스 위험 프리미엄을 마땅히 지불해야 할 것이다.

갑작스럽고 재앙적인 기후변화

불확실성에 대한 논의를 끝내기 전에 갑작스럽고 재앙적인 기후변화가 제기하는 문제들을 고려할 필요가 있다. 지난 10년 동안 과학자들은 기후 시스템이 이전에 생각했던 것보다 훨씬 더 가변적이라는 사실을 발견했다. 이 새로운 관점은 갑작스런 기후변화에 관한 문헌에서 검토되었다. 주목할 만한 발견 하나는 지구 기후 시스템이 기후 상태 간의 전환을 거쳐온 것으로 보인다는 점이다. 이는 10년 혹은 20년 사이에 규모 면에서 빙하기의 절반에 해당하는 차이를 나타낼지도 모른다.[3]

갑작스러운 기후변화의 발견은 현재의 배출 경로로 촉발되는 기후변화의 규모가 심각하거나 심지어 치명적 영향을 끼칠 수 있다는 우려를 낳았다. 초기의 우려는 온난화가 가까운 미래에 대서양 심층수 순환의 갑작스러운 중단을 초래하리라는 것이었다. 하지만 가장 최근의 IPCC 평가보고서는 다음과 같이 결론지었다. "[대서양 심층수 순환이] 21세기 중에 거대하고 급격한 변화를 겪을 가능성은 매우 낮다."[4] 하지만 4차 평가보고서는 1000년에 걸친 그린란드 빙상의 융해가 과거 또는 모델 추정치에서 대서양 심층수 순환 중단을 촉발하리라고 추정되는 것과 동일한 양의 담수를 공급할 수도 있음을 시사한다.[5]

오늘날 가장 두드러진 우려는 온난화가 더욱 가속화된 온난화를 초래함에 따라 그린란드와 남극 빙상의 일부를 급속히 융해시키는 힘을 촉발하리라는 예측일 것이다. 지질학 기록을 살펴보면 과거의 빙

균형의 문제

상 붕괴로 500년 사이 해수면이 최대 20미터까지 상승했다는 것을 알 수 있다.[6] 가장 최근의 IPCC 보고서는 그린란드 빙상(해수면을 약 7미터 상승시킬 만큼의 바닷물을 포함하고 있다)의 전망을 다음과 같이 요약한다. "그린란드에서 1.9°~4.6°C의 연간 평균 온난화 임계점이 [그린란드 빙상을] 붕괴시킬 것으로 추정되었다. (···) 이 과정이 완료되기까지는 수 세기가 걸릴 것이다."[7] 해수면을 약 6미터 상승시킬 만큼의 바닷물을 포함하고 있는 서남극 빙상은 지구온난화에 취약하지만, IPCC 평가보고서에 따르면 "현재의 과학 수준으로 이러한 붕괴의 속도나 범위를 예측하는 것은 불가능하다."[8]

이 빙상이 녹을 경우의 생태학적·사회적 결과를 상상하기는 어렵지만, 그런 상황은 분명히 매우 바람직하지 못하며 예방 비용이 엄청나게 들지 않는 한 막아야 한다. [그림 7-5]는 1990년 고도 10미터 이하에 위치한 세계 인구와 생산량 비율의 추정치를 보여준다. 대략적으로 생산량의 3%와 인구의 4%가 이 지역에 분포하고 있었다.

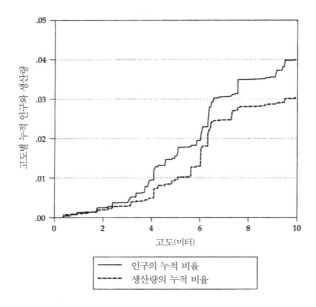

그림 7-5. 1990년 고도별 누적 생산량과 인구 비율. 주어진 고도 아래에 있는 세계 인구와 생산량의 비율. 해상도는 위도 1° x 경도 1°이다.
(출처: GEcon database, gecon.yale.edu에서 확인 가능)

재앙적인 기후변화의 경제적 영향 추정은 지금까지 매우 어려운 것으로 밝혀졌다. 가장 심각한 문제는 중요한 잠재적 재난 상황에 관한 과학적 이해가 부족하다는 점일 것이다. 가장 심도 깊게 연구된 상황은 앞서 언급된 두 가지, 즉 대서양 심층수의 순환 중단과 그린란드와 남극 대륙의 빙상 붕괴다. 하지만 IPCC 4차 평가보고서는 이런 상황을 21세기에 발생할 수 있는 사건에서 제외한 것으로 보인다.

이 책은 갑작스런 기후변화로 인한 재앙적 결과의 발생 가능성을 피해 추정치에 포함시켰다. 이는 기후변화에 수반될 수 있는 피해를 막기 위해 '기꺼이 지불할 의지'로서 포함된다. 예를 들어 6°C의 기후변화에서 예상되는 피해의 대략 절반은 발생할 수 있는 갑작스럽고 재앙적인 피해를 막기 위한 것이다. 이러한 추정치는 DICE/RICE-1999 모델의 기반이 되는 연구에서 도출되었다. 이전의 접근방식에서 몇 가지 사소한 기술적 수정은 있지만, 기존 연구에서 추정된 영향은 DICE-2007 모델에서도 유지된다.

몇몇 분석가들은 현재의 접근방식이 충분히 진전되지 않고 있으며 기후변화가 세계 경제에 거대하고 용인할 수 없는—영구적 대공황, 문명 붕괴, 심지어 인류 멸종에 해당하는—피해를 끼칠 가능성을 포함해야 한다고 주장했다. 최근 일련의 연구에서 리처드 톨Richard Tol 과 마틴 와이츠먼Martin Weitzman은 제한된 데이터와 기후-경제 시스템 파라미터와 관련한 내재적 불확실성의 조합이 DICE 모델이나 기타 통합평가 모델 같은 분석적 접근방식의 지구온난화에 대한 적용 가능성을 제한할 수 있다고 시사했다.

영향을 강조하는 통합평가 모델인 FUND(Climate Framework for Uncertainty, Negotiation and Distribution: 불확실성, 협상 및 분배에 관한 기후 구조) 모델을 사용하는 톨의 실증 연구는 기후변화에 대한 불확실성이 너무 커서 표준적인 비용-편익 분석이 적용되지 않는다고 주장한다. FUND 모델은 0에 가까운 소비의 관점에서 재앙적인 결과를 나타내지 않는다. 오히려 톨은 마이너스 경제 성장과 그에 따른 마이너스 할인율이 (추정된) 탄소의 사회적 비용의 무한 분산(그의 용어

로는 '한계 순 현재 피해')을 초래한다는 것을 발견했다.[9]

와이츠먼은 현재와 같은 경제적 분석이 잠재적으로 재앙을 초래할 수 있는 사건들에 압도당한다고 주장한다.[10] 그의 주장은 불확실한 파라미터 분포에 대해 '두꺼운 꼬리'의 가능성을 강조하는 통계적 제 1원칙의 분석적 주장, 그리고 소비가 0에 가까워질 때 일정한 상대적 위험 회피(constant relative risk aversion, CRRA) 효용함수의 제한 특성에 크게 의존한다. 그가 주장하는 본질은 경제 붕괴와 나아가 소멸의 가능성이 정책 분석을 지배해야 한다는 것이다.[11]

DICE 모델의 예비적 실행은 와이츠먼의 이론이나 톨의 경험적 분석에서 나타나는 극단적인 결과를 보여주지 않는다. [표 7-2]와 [표 7-3]에 표시된 극값 분석은 불확실한 변수에서 뚜렷한 비선형성을 나타내지 않는다. 즉, 주요 변수(탄소의 사회적 비용 등)의 값은 불확실한 변수의 값에 있어서 선형에 가깝다. 예외는 총 요소 생산성이며, 이는 생산성 수준에서 증가율의 비선형적 영향 때문에 파라미터값에서 볼록하다.

하지만 재난적 사건의 가능성을 살펴보는 데 있어서 현재 모델들의 유용성이 제한적이라는 것을 강조해야 한다. DICE-2007 모델의 지구물리학 모듈은 거대한 지구물리학 모델 앙상블의 평균 행동을 포착하는 매끄러운 함수이기 때문이다. 지구물리학 모델 연구자들이 갑작스럽거나 재앙적인 변화를 발생시키는 메커니즘을 개발하기 전까지, 현재의 경제 모델들이 통합평가 모델에서 확립된 과학적 발견에 근거한 결과를 도입하기 위해 할 수 있는 일은 거의 없다.

어느 경우든 간에 이 책은 좀더 소박한 목표를 지닌다. 이 장에서 전개된 의사결정 이론의 고전적 접근방식은 불확실성이라는 조건하에서 정책과 미래의 경로를 분석하기에 유용하고 효율적으로 구조화된 방법이다. 수조 달러의 감축 비용을 정당화할 수 있는 재앙적 영향의 가능성은 배제할 수 없다. 그러나 먼 미래의 확률 낮은 결과에 대한 두려움이 오늘날 우리에게 닥친 확률 높은 위험을 다루기 위한 건설적인 단계를 방해해서는 안 된다. 우리는 현재의 분명한 위험에서 출발해야 하며, 그후에 불분명하고 먼 위협으로 시선을 돌릴 수 있다.

제 8 장
탄소세의 다양한 장점

전 지구적 공공재의 가격 대 수량

지구온난화 같은 전 지구적 공공재를 다룰 때는 수많은 결정을 내리고 궁극적인 결과에 영향을 미치는 다수의 기업들과 소비자들에게 정부를 통해서 도달할 필요가 있다. 현실적으로 채택할 수 있는 메커니즘은 정부 지시 및 규제를 통한 양적 제한과 요금, 보조금, 세금을 통한 가격 기반 접근방식 두 가지뿐이다.[1] 이 장에서는 이 두 가지 메커니즘의 주요 차이점을 다루고, 가격 기반 접근방식이 양적 제한보다 큰 이점을 갖는 이유를 설명한다.

지구온난화의 맥락에서 양적 제한은 여러 국가들의 온실가스 배출 시간 경로에 대한 전 지구적 목표를 설정한다. 그러면 국가들은 저마다의 방식으로 양적 제한을 관리할 수 있고, 메커니즘은 교토의정서 및 유럽연합의 배출량 거래제도와 같이 국가 간에 배출허용량의 이전과 거래를 허용할 수 있다. 이 접근방식은 CFC 메커니즘 같은 기존

162 균형의 문제

국제조약하에서 제한적으로 시행되어왔으며 미국 SO_2 배출허용 거래 프로그램 같은 국가 무역체제하에서는 광범위하게 시행되어왔다.

두번째 접근방식은 조화된 가격, 요금, 세금을 국가 간의 정책 조정 수단으로 이용하는 것이다. 이 접근방식은 오존을 감소시키는 화학 물질에 대한 미국의 세금 등 국내 환경시장에는 널리 시행되어왔지만 국제적인 환경 분야에서는 시행되지 않았다. 반면 조화된 가격형 수단의 활용은 유럽연합(EU)의 세금, 국제 무역에서의 관세 등 재정 및·무역 정책에서 국제적으로 폭넓게 시행되어왔다.

배출 제한보다 가격을 통해 기후변화를 다루려는 시도는 소수의 경제 문헌에서 논의되었지만[2] 더 많은 신중한 분석이 이루어져야 한다. 여기서는 몇 가지 세부사항을 강조할 것이다.

명확성을 기하기 위해, '조화된 탄소세'라고 불리는 메커니즘에 관해 설명할 필요가 있다. 이 메커니즘은 국제적 또는 국가적 배출 제한을 결합시키는 대안이다. 이 방식하에서 각국은 국제적으로 조화된 '탄소가격' 또는 '탄소세'로 탄소 배출에 불이익을 가하는 데 동의할 것이다. 개념상으로 탄소세는 추가 배출에 따른 사회적 한계비용과 사회적 한계편익의 균형을 맞추는 역동적으로 효율적인 피구세(Pigovian tax)*다.

탄소가격은 온실가스 농도나 온도 변화를 '위험한 간섭'으로 여겨지는 수준 이하로 제한하는 데 필요한 가격 추정치에 따라 결정될 수

---

* 피구세: 기업의 경제활동 중에 생기는 오염물질 등의 외부효과에 세금을 부과하는 것. 영국 경제학자 아서 세실 피구가 환경문제를 해결하기 위해 제안한 조세정책이다.

도 있고, 효율적인 통제 수준을 유도하는 가격일 수도 있다. 예를 들어 전 지구의 온도 상승을 2°C로 제한해야 한다는 국제협약이 체결된 경우, 앞 장의 결과에 따르면 조화된 세금은 2015년에는 탄소 1톤당 72달러(CO_2 1톤당 20달러)로 책정되고 전면적 참여를 전제로 향후 10년간 매년 약 3%씩 상승할 것이다. 이 수치는 몇몇 통합평가 모델에서 추정될 수 있으며 새로운 정보에 따라 업데이트되어야 한다. 탄소가격이 평준화되기 때문에, 이 접근방식은 세금이 조화된 국가들 간에 공간적으로 효율적일 것이다. 탄소세 경로가 시간적 효율의 규칙을 따른다면 시점 간 효율 또한 만족시킬 것이다.

부담의 분담에 관해 여러 중요한 세부사항을 협상할 필요가 있을 것이다. 각국의 경제 발전 수준에 따라 전면적 참여를 허용하는 것이 합리적일 수 있다. 예를 들어 어떤 국가들은 소득이 주어진 규모(아마도 일인당 소득 1만 달러)에 도달했을 때만 전면적으로 참여할 것이라 예상할 수 있으며, 가난한 나라들의 초기 참여와 완전한 참여를 장려하기 위해 배출권 이전을 허용할 수도 있다. 탄소가격이 참여국 전체에서 평준화되면 참여국 간에 관세와 국경세 조정이 필요 없게 된다. 통일된 탄소세를 전제로 한 제재 문제, 과세 장소, 국제무역 처리, 개발도상국에 대한 배출권 이전은 논의와 정리가 필요한 중요 세부사항이다.

규제 메커니즘에 관한 문헌은 여기서 검토할 몇 가지 양적 접근방식 및 가격형 접근방식보다 훨씬 풍부한 내용을 다룬다. 하이브리드 시스템은 중요한 변형인데, 이 방식에서는 배출권이 거래될 수 있는

상한가격이 주어지며 정부는 지정된 가격에 추가 배출권을 경매할당
하게 된다.[3] 클린턴 행정부는 교토의정서 협상 준비과정에서 가격 상
한제를 고려했지만 철회했다. 이와 같은 혼합형 접근방식은 가격 상
한선뿐만 아니라 하한선도 포함해야 하지만, 대부분의 제안은 하한
선을 포함하지 않는다. 우리는 이 장의 마지막 단락에서 유용하게 활
용될 수 있는 중간지대로서 하이브리드 시스템을 검토한다.

가격형 접근방식과 양적 접근방식의 비교

여기서는 지구온난화 같은 전 지구적 공공재를 규제하기 위한 양
적 시스템과 가격형 시스템의 효과를 비교한다. 기본 메시지는 조화
된 탄소세가 개념적 단순성 때문에 교토의정서 같은 양적 메커니즘
보다 설계하고 유지하기에 더 간단할 수 있다는 것이다.

• 배출 가격 및 배출량에 대한 베이스라인 설정

양적 제한이 특히 문제가 되는 것은 배출 제한 목표를 차별적인 경
제 성장, 불확실한 기술 변화, 진화하는 과학에 맞추어야 하는 영역이
다. 이러한 문제들은 교토의정서에 상세히 제시되어 있으며, 교토의정
서는 통제가 발효되는 시점(2008~2012년)보다 13년 전에 목표를 설정
하고 통제 기간 20년 전부터 베이스라인 배출량을 적용했다. 하지만
기준 연도 배출량은 국가들의 경제적 구조, 에너지 구조, 심지어 정치
적 경계마저 변화하면서 점점 더 쓸모없게 되었다.

향후 예산 기간과 신규 참여국에 대한 베이스라인은 교토의정서

같은 양적 체제의 확장에 심각한 문제를 야기할 것이다. 2012년 이후의 기간에 대한 자연적 베이스라인은 통제 없는 배출 수준이 될 것이다. 이미 감축 정책이 시행된 국가에서는 그 수준을 정확하게 계산하거나 예측하기가 사실상 불가능하다. 변화하는 조건에 대한 베이스라인을 어떻게 조정할 것인가, 그리고 과거의 배출량 감축 정도를 어떻게 고려할 것인가 하는 문제가 발생할 수 있다.

가격형 접근방식하에서 자연적 베이스라인에는 탄소세 또는 불이익이 없다. 그다음 자연적 베이스라인과 비교하여 국가들의 노력이 평가된다. 배출량의 역사적 기준연도를 선택할 필요는 없다. 게다가 초기에 가입한 국가와 나중에 가입한 국가 간에는 비대칭성이 없으며, 초기 참여국은 베이스라인을 하향 조정함으로써 불이익을 받지 않는다. 하지만 기존의 에너지 세금에 대한 문제는 복잡성을 야기하는데, 이 문제는 나중에 다루겠다.

• 불확실성의 처리

기후변화의 과학, 경제, 정책은 불확실성투성이다. 가격형 접근방식과 양적 접근방식의 중요한 차이는 이러한 불확실성에 얼마나 잘 대응하느냐 하는 것이다. 환경 경제학의 주요 연구결과에 따르면 가격과 양적 규제의 상대적 효율성은 비용과 편익의 성격, 더 정확히 말하자면 비선형성의 정도에 달려 있다(Weitzman 1974를 참조할 것). 편익에 비해 비용이 매우 비선형적이라면 가격형 규제가 더 효율적이다. 반대로 비용에 비해 편익이 매우 비선형적이라면 양적 규제가 더 효율적이다.

이런 문제는 기후변화 정책 설계에서 거의 주목을 받지 못했지만, 지구온난화의 비용과 피해 구조는 가격형 접근방식에 대해 강한 선호도를 나타낸다. 배출 감축의 편익은 온실가스 누적과 관련이 있고 배출 감축의 비용은 배출 흐름과 관련이 있기 때문이다. 이는 배출 감축의 한계비용은 감축 수준에 매우 민감하지만 배출 감축의 한계 편익은 현재의 배출 감축 수준에 둔감하다는 의미다.[4] DICE 모델에서 10년 배출 제한에 대한 편익 함수는 본질적으로 선형인 반면 비용 함수는 매우 볼록하며 탄력성이 3에 가깝다. 이 조합은 상당한 불확실성이 존재할 때 배출 요금이나 세금이 양적 표준이나 거래 가능한 할당량보다 훨씬 더 효율적일 가능성이 높다는 것을 의미한다.

• 배출권의 시장가격 변동성

불확실성은 가격에 영향을 미친다. 양적 규제는 탄소 배출 거래가격의 변동성을 야기할 가능성이 있다. 공급, 수요, 규제 조건은 시간이 지남에 따라 예측할 수 없이 변화하기 때문이다. 단기적으로 허가에 대한 수요가 매우 비탄력적이며 공급은 완전히 비탄력적이기 때문에 허용량의 가격 변동성이 매우 높아질 가능성이 있다.

유럽의 CO_2 거래가격 이력을 살펴보면 양적 시스템의 극심한 변동성을 알 수 있다. 온실가스 배출 가격 분석기관인 '포인트 카본'에 따르면 2006년 거래가격은 탄소 1톤당 44.47달러에서 143.06달러까지 변동했다. 새로운 규제 정보로 인해 배출허용 가격이 한 달 만에 70%

이상 하락하기도 했다.

환경오염물질 배출권의 거래가격에 관한 더욱 광범위한 자료는 SO_2 거래제의 이력에서 나타난다. 이 프로그램에는 기업과 개인이 배출허용량을 사고팔 수 있는 민간시장뿐 아니라 미국 환경보호청(Environmental Protection Agency, EPA)이 매년 실시하는 경매도 포함되어 있다. SO_2 가격과 탄소거래 가격의 비교가 유용한 이유는 두 시장의 경제적 특성이 비슷하기 때문이다. 두 시장 모두 단기적으로 공급이 고정되어 있거나 거의 고정되어 있다. 더욱이 두 시장 모두 (SO_2 배출이든 CO_2 배출이든) 배출권에 대한 수요는 가격에 매우 비탄력적이다. 황이나 탄소가 함유된 연료를 다른 원료로 대체하려면 비용이 많이 들기 때문이다. 거래 프로그램이 이월과 차입을 허용한다면 변동성이 어느 정도까지는 완화될 수 있으며, 이는 기업이 미래를 위해 배출권을 저축하거나 미래의 허용량을 당겨 쓸 수도 있다는 의미다. 그러나 프로그램이 차입을 허용할 가능성은 거의 없으며, 이월은 가격 변동성에 제한적 보완을 제공할 뿐이다.

SO_2 배출허용량 가격의 과거 변동성을 검토함으로써 CO_2 배출허용량의 기능에 관해 어느 정도 통찰해볼 수 있다. 연간 EPA 경매에서 현물 SO_2 가격은 1996년 톤당 최저 66달러에서 2005년 톤당 최고 860달러까지 다양했다. 선물 가격은 4.7배까지 변동했다(EPA 2006 참조). 민간시장을 살펴보면 허용량 가격이 1995~2006년에는 69배, 2001~2006년에는 12배 차이가 났음을 알 수 있다. SO_2 규제정책의 변화로 몇 가지 변화가 나타났지만, 이러한 특징은 탄소 시장에도 적

용될 것이다.

우리는 SO₂ 배출허용 가격의 통계적 변동성을 계산하고 이를 다른 온실가스의 가격 변동과 비교함으로써 보다 정확한 변동성을 측정할 수 있다. 변동성은 1개월마다 평균 변화의 절댓값을 측정하여 자산 가격의 가변성과 예측 불가능성을 파악하는 일반적인 접근방식이다. [그림 8-1]은 1995~2006년의 소비자물가지수(CPI), 주가, SO₂ 배출허용 가격, 유가 등 네 가지 가격의 추정 변동성을 보여준다. SO₂ 가격은 주가(혹은 주택 등 그림에 없는 다른 자산의 가격)보다 변동성이 크고 대부분의 소비자가격보다 훨씬 더 변동성이 크며, 유가와 비슷한 변동성을 보여준다.

이처럼 급속한 등락은 비용이 많이 들고 바람직하지 않으며, 향후

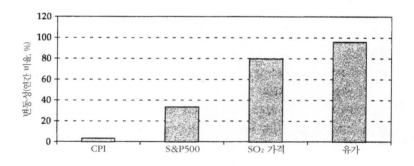

그림 8-1. 1995~2006년 동안 4 가지 가격의 추정 변동성. 가격은 왼쪽부터 오른쪽으로 소비자물가지수(CPI), 스탠더드앤드푸어스 500 지수(S&P500), 미국 SO₂ 배출허용 가격(SO₂ 가격), 원유 가격(유가)이다. 변동성은 연간 절대로그의 월별 변경으로 계산된다. (출처: 유가, CPI, DRI 데이터베이스 주가는 예일대학교에서 확인 가능하다. SO₂ 배출허용 가격은 데니 엘러먼이 제공한 현물 가격이며 거래가격을 반영한다.)

수십 년 동안 총비용이 석유만큼 높게 나타날 수 있는 탄소 같은 원료의 경우 더욱 그렇다. 미국 연방준비제도가 가격 제한(이자율)이 아닌 양적 제한(통화 유동량)을 목표로 했던 1979~1982년의 통화주의 실험은 흥미로운 유사성을 보여준다. 이 기간에 금리는 극심하게 변동했는데, 부분적으로 이처럼 증가된 변동성 때문에 연방준비제도는 단기간의 실험 후 가격형 접근방식으로 되돌아갔다. 이러한 경험은 엄격한 양적 제한을 가진 체제가 에너지 시장과 투자 계획뿐만 아니라 국가 간의 소득분배, 물가상승률, 에너지 가격, 수출입 가치에 심각한 파괴적 영향을 미칠 수 있음을 시사한다. 결과적으로 양적 제한은 시장 참여자들과 경제정책 입안자들에게 매우 인기 없게 될지도 모른다.

• 공적 자금 문제

또다른 고려사항은 배출을 규제할 때 세입증가 수단을 사용하는 재정정책상의 이점이다. 배출 제한은 기업이 배출할 수 있는 귀중한 권리를 발생시키지만, 의문점은 과연 정부나 민간이 그 수익을 얻느냐 하는 것이다. 세금이나 규제성 제한이 재화 가격을 인상시키면 기존 세금 시스템의 효율성 손실이 증가한다. 기존 세금과 규제 시스템이 가격을 효율적 수준 이상으로 올리기 때문이다. 기존의 세금이나 규제에 또다른 것을 추가하면 시스템의 비효율성 혹은 '자중손실deadweight loss'이 증가하며, 이러한 비효율성의 가중은 지구온난화 정책의 추가 비용으로 간주되어야 한다. 이러한 효과가 환경세의 '이중

배당' 이론에서 지적하는 세금의 '이중부담'이다.[5]

세금을 통해 탄소 규제가 부과되고 그 세입을 재활용하여 다른 재화나 원료에 대한 세금을 줄인다면 과세에 따른 효율성 손실 증가를 완화시켜 자중손실 증가가 나타나지 않게 할 수 있다. 하지만 양적 시스템 아래에서 세입을 올리지 않는 제한을 통해 규제가 부과된다면 증가된 자중손실을 줄이기 위해 재활용할 수 있는 정부 세입이 발생하지 않는다. 이는 중요한 문제인데, 효율성 손실이 감축 비용만큼 커질 수 있기 때문이다.

배출 허가는 경매에 부칠 수 있지만(그럼으로써 세금 비효율성을 경감할 수 있는 수익을 발생시키지만), 역사적 사례를 살펴볼 때 대부분의 또는 모든 허가가 '합당한' 당사자들에게 무비용으로 할당되거나 정치적 저항을 줄이는 방식으로 분배될 가능성이 높다. SO_2 배출 허용과 CFC 생산 허용의 경우 사실상 모든 허가가 생산자에게 아무런 비용 없이 할당되었고, 따라서 정부는 재활용할 세입을 확보하지 못했다. 세입 증대를 위해 가장 신뢰할 만한 제도는 순수한 세금 시스템이지만, 유용한 대안은 적어도 허용 세입의 일부를 세금으로 확보하여 양적 접근방식을 뒷받침하는 혼합형 시스템이다.

• 형평성 문제

세금에 의해서든 양적 제한에 의해서든, 탄소가격을 인상하기 위한 강력하고 국제적으로 조화된 조치는 소득 분배에 상당한 영향을 미칠 것이다(소비자로부터의 자원 이동 추정치는 [그림 5-11] 참조). 이는 국가 간에, 그리고 국가 내의 여러 가구들 간에 공정성과 지불능력의 문제를 야기한다.

국제적으로 볼 때 가난한 나라들은 당연히 온실가스 배출 제한과 관련된 혼란의 발생을 기피할 것이다. 이런 혼란은 어느 정도까지는 양적 시스템 아래에서 배출 허가를 유리하게 분배해줌으로써 상쇄할 수 있다. 예를 들어 러시아가 최초의 교토의정서를 비준하도록 설득할 수 있었던 것은 국제 시장에서 수익성 있게 판매할 수 있다고 여겨지는 초과 할당량을 확보해주었기 때문이다. 이는 국가 간의 공정성을 촉진하는 양적 시스템의 주요 장점으로 보일 것이다.

최초의 교토의정서에서 볼 수 있듯이, 이러한 장점은 실제보다 더 과장되어 보이고 공평하기보다 오히려 불공평할지도 모른다. 지금까지의 할당량이 미리 정해져 있었기 때문에 국가 간의 부담 분배는 계획적이고 공평한 재분배만큼이나 예측 불가한 복권이 되었다. 미국 같은 나라는 급속한 성장 때문에 평균 이상의 감축을 요구받았지만, 독일 같은 나라는 통일이라는 역사적 사건 때문에 뜻밖의 이익을 얻게 되었다. 이러한 초기 불균형은 시스템에 내재될 가능성이 높은데 향후의 감축이 애초에 잘못 설계된 할당에서 출발하기 때문이다. 장기적으로 볼 때 양적 시스템의 할당과 복권이 결합된 측면이 세금 시스템에서 명시적으로 이전을 할당할 수 있다는 이점을 초과할지는 불확실하다.

국내에 있어서는 세금 시스템이 할당 시스템에 비해 분명히 유리하다. 세금 시스템은 상당한 세입을 거둔다. 이는 다른 세금을 줄이거나 혜택을 늘림으로써 저소득층의 경제적 어려움을 완화시키는 데 사용될 수 있다. 혹은 일부 기금을 저탄소 에너지 시스템 연구개발에 사용할 수도 있다. 이와 달리 현재의 SO_2 배출허용 총량거래제 같은 할당 시스템은 세입을 확보하지 못하므로 경제적 부담을 덜어줄 기금을 마련하거나 에너지 연구에 자금을 댈 자연스러운 방법이 없다. 따라서 부담의 공정한 분배를 촉진하고 경제적 영향을 완화할 잠재력에 있어서 국내에서의 조정은 세금형 접근방식이 분명한 이점을 지니는 반면, 국제적 조정은 원칙적으로 (실제로는 덜 명백하지만) 양적 접근방식이 더 쉬울 수 있다.

•지대, 부패, 그리고 자원의 저주

또다른 의문점은 각국 정부의 정직성, 투명성, 행정 효과가 다른 상황에서 세계적 프로그램을 관리하는 것과 관련된다. 이러한 문제들은 국제 환경 협정에서 특히 강력하게 나타나는데, 각국은 국내적으로 이 협정을 준수할 동기가 거의 없으며 허약한 정부는 부패한 관행을 국제 무역으로 확대할 수도 있다. 양적 시스템은 가격형 체제보다 훨씬 더 부패에 취약하다. 배출 거래 시스템은 거래 가능한 배출권이라는 형태로 귀중한 국제 자산을 생성하여 각국에 할당한다. 배출량 제한은 이전에 존재하지 않았던 희소성을 만들어낸다. 다시 말해 이는 임대료 창출 프로그램이다. 국제 무역 개입에서 관세와 할당을 비교했을 때 양적 접근방식이 가격형 접근방식에 비해 위험하다는 점이 종종 입증되어왔다.

지대rent는 지대를 추구하는 행위로 이어진다. 더구나 자원 지대는 비생산적 활동뿐만 아니라 내전과 국가 간 전쟁, 경제 성장 둔화를 유발할 수 있다. 이것이 바로 '자원의 저주' 이론이다.[6] 국가 지도자는 희소한 허용량을 배출 감축이 아니라 저택이나 기념물 같은 비환경적 목적에 사용할 수도 있다. 독재자나 부패한 관리는 자국의 허용량을 팔아서 수익을 착복할 수도 있다.

계산에 따르면 러시아는 강화된 교토의정서에 입각해서 수백억 달러 규모의 배출허용량을 해외에 판매할 수 있을 것이다. 귀중한 공공자산을 인위적으로 싼값에 민영화했던 우리의 역사를 돌아볼 때, 탄소시장이 부패한 관행에 얽매여 절차적 정당성을 훼손한다고 해도 놀라운 일은 아닐 것이다. 또한 교토의정서가 개발도상국까지 확대되는 경우를 상상해볼 수도 있다. 최근 몇 년간 약 2500만 톤의 탄소 배출량을 확보한 나이지리아의 경우를 생각해보자. 나이지리아가 최근 배출량에 상응하는 거래 가능한 배출권을 할당받아 탄소 1톤당 40달러에 팔 수 있다면, 2000년의 비석유 수출액이 6억 달러에 불과한 이 나라에서 연간 약 10억 달러의 경화를 조성할 수 있을 것이다.

재정적 속임수의 문제는 가난하고 취약한 국가나 독재국가에만 한정되지 않는다. 최근에 회계 스캔들이 발생한 미국에서도 우려가 제기된다. 총량거래제는 참여국 내의 배출량이나 화석연료 사용량의 정확한 측정에 의존한다. 총량거래제에 따라 운영되는 A라는 기업이(또는 국가가) B라는 기업에(또는 국가에) 배출권을 판매하는 경우 반드시 A와 B의 배출량을 감시하여 지정된 한계 내인지 확인해야 한다. 국가 A에서는 감시가 제대로 이루어지지 않지만 국가 B에서는 제대로 이루어진다면 B의 배출량이 증가하는 동안 A의 배출량은 변하지 않을 것이기 때문에, 거래 프로그램은 실질적으로 전 세계 배출량을 증가시키는 결과를 초래할 수 있다. 국제적 시스템에서 배출 제한을 회피하려는 동기는 국내에서 세금을 회피하려는 동기보다 훨씬 강하다. 세금 부정행위는 기업과 정부 간의 제로섬 게임인 반면, 배출 제한을 회피하는 행위는 전 지구적 공공재를 몰래 거래하는 두 당사자 모두에게 이득이 되는 게임이다.

가격 접근방식은 인위적인 희소성, 독점, 지대를 만들지 않기 때문에 부패의 여지가 적다. 국가나 국가 지도자에게 이전되는 허용량이 없으므로 와인이나 총기를 사기 위해 해외에 판매할 수 없다. 새로운 지대 추구 기회가 없는 것이다. 모든 수입은 국내 화석연료 소비세로 징수될 것이며, 오늘날 각국이 지닌 지대 창출 도구에 탄소세가 추가되지는 않을 것이다. 세금은 정부와 납세자 간의 제로섬 게임인 만큼 징수할 동기가 더 강하다.

이 경우에도 세금과 양적 시스템을 결합한 혼합형 시스템이 양적 시스템의 부패에 대한 동기를 희석시킬 것이다. 탄소세가 탄소가격의 상당 부분을 차지할 경우 배출허용량의 순가치와 그에 따른 지대 추구 행위는 줄어든다.

• 행정 및 측정 문제

조화된 탄소세를 시행하려면 많은 행정과 측량 문제들이 발생하며,

이러한 문제들은 아직 완전히 다루어지지 않았다. 아마도 개념적으로 가장 중요한 문제는 기존의 에너지 세금과 보조금 처리일 것이다. 우리는 탄소세를 계산할 때 기존 세금과 보조금을 포함해야 할까, 제외해야 할까? 예를 들어 한 국가가 석탄 생산에 50달러의 보조금을 유지하면서 50달러의 탄소세를 부과한다고 가정해보자. 이 경우 탄소세는 0으로 계산될까, 아니면 50달러로 계산될까? 풍력발전 같은 제로 탄소연료에 대한 보조금은 어떻게 계산해야 할까?

한 가지 접근방식은 에너지 재화에 대한 모든 세금과 보조금을 포함하여 탄소연료의 순과세를 계산하는 것이지만, 예외적인 경우를 제외하면 간접적이고 구체화된 영향까지 고려하지는 않을 것이다. 이 계산에는 두 단계가 필요할 것이다. 첫째, 각 국가는 에너지 부문의 세금과 보조금에 관해 모든 정보를 제공할 것이다. 둘째, 다양한 수치를 종합 탄소세에 반영하기 위해 일반적으로 인정되는 방법론이 필요할 것이다. 물론 에너지 세금을 그에 상응하는 탄소세로 어떻게 환산할 것인가 등등 많은 기술적 문제가 있을 것이다. 이러한 계산은 (석탄이나 석유에서 탄소 등가물에 이르기까지) 통제 시스템을 뒷받침하는 환산 비율을 포함한다. 다른 계산들은 입출력 계수를 필요로 하지만, 이는 시간적 기반에서 보편적 이용이 불가능할 수 있다. 효과적인 탄소세 계산은 간접적 배출이나 내재된 배출을 포함하지 않는 한 대체로 간단하다.

1차 계산을 넘어 간접 효과로 나아가려면 수요와 공급의 탄력성 및 교차 탄력성에 대한 가정이 필요하며, 이 과정에서 국가 간에 논쟁이 발생할 수도 있지만 이는 가능한 한 피해야 한다. 이러한 계산 절차는 아마도 준사법적 절차하에 진전되는 일련의 가이드라인에 따라 기술 전문가들이 효과적 세금을 계산하는 세계무역기구(WTO) 심의에서 사용하는 것과 유사한 메커니즘을 필요로 할 것이다. 이러한 문제들 상당수가 생태학적 세금 관련 문헌에서 논의되고 있다.[7]

혼합형 '총량 및 세금' 접근방식

공공재를 통제하기 위해 가격과 총량의 상대적 이점을 저울질하려면 여러 고려사항이 균형을 이뤄야 한다. 하지만 우리는 가격 기반 접근방식의 단점에 관해 현실적이어야 한다. 이는 국제 환경협정에 있어서 익숙하지 않은 방식이다. '세금'은 거의 육두문자에 가까운 말이다. 많은 사람들은 환경 정책에 있어서 가격 접근방식을 불신한다. 상당수의 환경운동가들과 과학자들은 탄소세가 지구온난화에 대한 접근방식이라고 여기지 않는다. 탄소세는 배출량 증가나 온실가스 농도에 명시적 제한을 두지 않기 때문이다. 그들은 이렇게 묻는다. "탄소세가 '위험한 간섭'을 방지할 수 있는 수준으로 책정될 것이라고 어떻게 보장하나?" 어떤 사람들은 이렇게 걱정한다. "탄소 배출량이 정말로 가격에 반응할까?" "지구가 한증막이 되어가는 동안 국제사회가 세율, 규정, 측정 문제, 참여 논쟁을 제대로 다룰 수 있을까?" 이러한 질문들이 이 책을 비롯한 여러 연구에서 제기되어왔지만, 많은 사람들은 여전히 납득할 만한 대답을 얻지 못하고 있다.

이와 대조적으로 총량거래제 같은 양적 접근방식은 지구온난화를 둔화시키는 가장 현실적인 접근방식으로 널리 인식된다. 교토의정서는 양적 제한을 확고하게 따르고 있으며, 강화된 교토의정서를 비롯하여 미국 및 다른 지역의 국가별 정책에 대한 제안 대부분은 이 모델을 따른다. 오늘날 정책에 대한 현실적인 우려는 그것이 탄소세 대신에 총량거래제가 될 것인지 여부가 아니라 단순히 거래 없는 총량제한이 되지 않을까 하는 우려다. 예를 들어 교토의정서를 이행하는 몇몇 접근방식은 다른 나라로부터 배출권을 구입하는 '거래적 해법'보다는 '국내적 해법'을 통해 자국 내 감축량 상당 부분을 이행하는 국가들을 선호한다. 더 우려되는 것은 지금까지 미국이 그랬던 것처럼 국가들이 계속 논쟁만 하다가 결국 아무런 성과도 내지 못할 수 있다는 점이다.

분석가들과 정책 입안자들의 총량거래제에 대한 강력한 지지를 감안할 때, 탄소세 체제의 장점과 총량거래제를 결합시켜서 견고한 하이브리드 시스템을 만들 절충안이 있지 않을까? 아마도 가장 유력한 접근방식은 총량 시스템을 탄소세로 보완하는 '총량 및 세금' 시스템일 것이다. 예를 들어 양적 제한과 함께 탄소 톤당 30달러의 세금을 부과함으로써 국가들의 탄소 배출권 총량거래제 참여를 확대할 수 있다. 또한 각국은 세금과 함께 '안전밸브'를 설치할 수 있으며, 그럴 경우 탄소 배출권에 50%의 프리미엄을 붙여서 톤당 45달러에 판매할 수 있다.[8]

총량 및 세금 시스템은 두 가지 접근방식 각각에 대한 장단점을 공유하게 될 것이다. 이 시스템은 순수한 총량거래제 같은 확고한 양적 제한을 두지는 않겠지만, 어느 정도의 양적 제한은 기업과 국가들로 하여금 기후 목표를 달성할 수 있다는 확신을 갖도록 이끌 것이다. 하이브리드 시스템은 탄소세 체제의 장점을 모두 갖진 못하고 그 일부만 갖게 될 것이다. 이 시스템은 국가 재정에 보다 유리할 것이며, 가격 변동성을 낮추고 부패 요소를 줄여서 불확실성에 대처하는 데 도움이 될 것이다. 세금과 안전밸브 가격의 간격이 좁을수록 탄소세의 장점을 갖게 되고, 그 간격이 넓을수록 총량거래제의 장점을 갖게 된다.

지구가 더워지고, 해수면이 상승하고, 새로운 생태학적 영향과 경제적 영향이 발견됨에 따라 향후 수십 년 동안 지구온난화와 관련하여 집중적인 협상이 이루어질 것이다. 앞서 지적했듯이 교토의정서의 양적 접근방식이 비효율적임이 입증되고 더 효과적인 시스템이 그 자리를 대신하지 못할 경우에는 딜레마가 발생할 것이다. 위험한 기후변화를 늦출 수 있는 보다 효과적이고 효율적인 방법을 모색하는 정책 입안자들은, 조화된 탄소세 같은 가격형 접근방식이나 총량 및 세금 시스템 같은 혼합형 접근방식이 정책을 조율하고 지구온난화를 늦출 강력한 도구가 될 가능성을 고려해야 한다.

제 9 장

대안적 관점: 스턴 보고서

2006년 11월 영국 정부는 새로운 포괄적 연구서를 발표했다. 『기후변화의 경제학에 관한 스턴 보고서』[1]였다(이후 『스턴 보고서』라고 부름). 이 보고서는 지구의 미래를 다음과 같이 비관적으로 전망한다. "우리가 행동하지 않는다면 기후변화의 전체 비용과 위험은 해마다 앞으로 영원히 전 세계 GDP의 적어도 5%를 잃는 것과 같으리라고 추정된다. 더 넓은 범위의 위험과 영향을 고려한다면 피해 추정치는 GDP의 20% 또는 그 이상으로 증가할 수 있다. (…) 현재 그리고 향후 수십 년간 우리의 행동은 위험을 야기할 수 있다. (…) 그 위험은 20세기 전반기의 세계대전 및 경제 대공황과 유사한 규모가 될 것이다."[2]

이러한 결과는 동일한 기본 데이터와 분석 구조를 사용하는 이전의 경제 모델과는 크게 다르다. 기후변화의 경제학에서 발견된 중요한 사실 하나는 기후변화를 늦추기 위한 효율적인 혹은 '최적'의 경제 정책이 가까운 장래에 적당한 비율의 온실가스 배출 감축을 유도하고 그런 다음 중장기적으로 급격한 감축을 유도한다는 것이다. 이를 '기후정책 경사로'라고 부를 수 있으며, 이 경사로에서 지구온난화 지연 정책은 시간이 지남에 따라 점점 더 엄격해지거나 확대된다.[3]

기후정책 경사로에 관한 연구결과는 다중 대안 모델링 전략, 다양한 기후 목표, 과학 모듈의 대안적 특성, 통합평가 모델에서 10년 이상의 수정 등 여러 단계의 시험에서 살아남았다. 기후정책 경사로의 논리는 간단하다. 자본이 생산적인 세상에서 오늘날 가장 많은 수익을 올리는 투자는 주로 저탄소 기술에 대한 연구개발을 포함한 유형적·기술적·인적 자본에 있다. 향후 수십 년간 생산량에 비례하여 피해가 증가할 것으로 예상된다. 그런 상황이 발생함에 따라 더욱 강도 높은 배출 감축 쪽으로 투자를 전환하는 것이 효율적이다. 배출 감축의 정확한 조합과 시기는 비용, 피해, 또한 기후변화와 피해가 비선형적이며 되돌릴 수 없는 범위에 따라 달라진다.

확인되지 않은 기후변화 ― 우리가 모른다고 알려진 것뿐만 아니라 모른다는 사실 자체도 모르는 것 ― 에는 많은 위험, 비용 및 불확실성이 존재한다.[4] 경제 분석가들은 행동의 비용과 무행동의 위험을 조화시킬 전략을 찾아왔다. 모든 경제학적 연구는 온실가스 배출에 즉각적인 규제를 가할 수 있는 사례를 찾지만, 어려운 질문은 얼마나 많이 그리고 얼마나 빠르게 규제를 시행할 것인가이다. 『스턴 보고서』는 경제적 비용-편익 분석이라는 전통을 따르지만 주류 경제학 모델과는 현저하게 다른 결론에 도달한다.[5] 지구온난화 경제의 이 같은 급진적인 수정은 타당할까? 이처럼 차이가 발생하는 이유는 무엇일까?[6]

문제의 개요

우선 유의해야 할 점은 『스턴 보고서』는 본질적으로 정치적이며 그 목적을 지지하는 문서로 읽어야 한다는 점이다. 이 보고서가 공식적으로 위임된 것은 영국과 전 세계에서 발생하는 기후변화라는 경제적 위험의 본질과 어떻게 이에 대처할 수 있을지를 좀더 포괄적으로 이해하기 위해 고든 브라운 영국 총리가 닉 스턴 경에게 기후변화의 경제학에 관한 주요 검토를 이끌어달라고 요청했을 때였다.[7] 『스턴 보고서』는 대체로 지구온난화와 관련된 기본 경제 문제들을 정확하게 기술하고 있다. 하지만 자체적인 정책 권고안을 뒷받침하는 연구와 발견은 강조하는 반면, 지구온난화의 위험에 관해 반대 견해를 가진 보고서들은 무시하는 경향이 있다.

달리 말하자면 우리는 표준 과학과 경제학의 기본 규칙이라는 관점에서 『스턴 보고서』를 평가할 수도 있다. 경제학을 포함하여 과학이 운용하는 핵심 방법론은 동료 평가와 재현성이다. 반면 『스턴 보고서』는 방법과 추정에 관한 독립적인 외부 전문가들의 평가 없이 출간되었으며, 그 결과를 쉽게 재현할 수 없다.

이는 사소한 문제처럼 보일 수도 있지만 좋은 과학을 위한 기본 원칙이다. 영국 정부는 이라크에서의 대량살상무기 평가에 있어서 그랬듯이 지구온난화에 대한 경제적 문제와 과학적 분석에서도 명확히 오류를 드러낸다.[8] 외부 검토와 재현이 모든 오류를 제거할 수는 없지만, 논리적 추론과 반대되는 주장들에 대한 존중을 보장하려면 반드시 필요하다.

이와 관련된 문제는 독자들이 논리 구조를 이해하는 데 있어서 어려움을 겪을 수도 있다는 점이다. 『스턴 보고서』는 기록적으로 빠르게 작성되었다. 이러한 성급함의 부정적 결과 중 하나는 이 보고서가 지구온난화에 관련된 경제와 과학의 여러 측면에 관해 막연하게 연결된 분석들과 연구들의 덤불이라는 점이다. 독자들은 보고서를 읽는 내내 지구온난화의 배경이 되는 추세(인구 및 기술 성장 등)에서 온실가스 배출의 영향을 거쳐 소비의 20%를 줄이는 결과에 이르기까지의 추론 구조를 이해하거나 재현하기 어렵다는 것을 확인하게 된다. 『스턴 보고서』 분석의 기초가 된 배경 프로그램들과 자료들은 제시되지 않았기 때문에 분석가들이 그 결과를 재현할 수도 없다.

우리는 『스턴 보고서』의 몇몇 모델링과 경제적 가정에 대해 좀더 긍정적인 논지에서 의문을 제기할 수도 있지만, 이 보고서는 환경적 위험과 경제적 우선순위의 균형을 맞추려는 관점으로 기후변화 정책을 선택하는 데 있어서 크게 기여한다. 『스턴 보고서』는 기후변화 정책을 경제적·환경적 목표에 연계시킴으로써 그러한 연관성이 없었던 교토의정서의 근본적인 결함 한 가지를 수정했다.

이어지는 논평은 『스턴 보고서』가 탄소 배출 가격을 인상할 필요성에 관해 강조한 것과 관련이 있다. 『스턴 보고서』는 그 필요성에 관한 논의를 다음과 같이 요약한다. "전 세계적으로 투명하고 비교 가능한 탄소가격 신호를 만드는 것은 국제적인 공동 대응을 위해 시급한 과제이다."9 쉽게 말해서 개별 기업과 가계에 인센티브를 제공하고 저탄소 기술의 연구개발을 촉진하려면 탄소가격을 조화시키는 것이 중요하다. 온실가스 배출의 사회적 비용을 수십억 개의 기업과 사람들의 일상적인 결정에 배분하려면 탄소가격이 인상되어야 한다. 이러한 단순하지만 불편한 경제적 진실은 기후변화 정책에 관한 대부분의 정치적 논의에 결여된 것이다.

하지만 그것이 문제의 핵심은 아니다. 기후정책에 대한 『스턴 보고서』의 급진적 견해는 오히려 할인에 관한 극단적 가정에서 비롯된다. 할인은 실질적으로 기후변화 정책의 모든 투자 결정에 있어서 미래의 상대적인 비중과 현재의 보상을 포함하는 요소이다. 언뜻 보면 이 영역은 전문적인 것처럼 느껴지겠지만 그렇다고 각주에서만 다룰 수는 없다. 할인은 『스턴 보고서』의 급진적 주장에서 핵심이 되기 때문이다. 『스턴 보고서』는 매우 낮은 할인율을 산출하는 윤리적 추정을 제시한다. 낮은 할인율은 다른 추정들과 결합하여 먼 미래의 영향을 확대하고 현재 배출량의(그리고 사실상 모든 소비의) 대폭적인 감축을 합리화한다. 다른 지구온난화 분석에서 정부, 소비자, 기업이 사용하는 보다 보수적인 기존 할인율로 대체할 경우, 『스턴 보고서』의 극적인 결과는 사라지고 우리는 앞에서 설명한 기후정책 경사로로 다시 돌아온다. 이 장의 균형은 이러한 핵심 문제에 초점을 맞춘다.

성장과 기후변화에서의 할인율

할인 문제는 경제 성장 이론과 정책을 이해하는 데 핵심적이다. 또한 할인은 기후변화에 따른 심각한 피해와 온실가스 감축을 위한 즉각적인 조치의 필요성을 강조하는 『스턴 보고서』의 급진적 견해에서 중심적이다. 이 절에서는 몇 가지 핵심 문제를 검토하며, 다음 절에서는 대안적 접근방식의 경험적 적용을 제시한다.

• 대안적 할인 개념

할인에 관한 논쟁은 경제와 공공 정책에 있어 오랜 역사를 지닌다. 할인은 서로 관련되어 자주 혼동되는 두 가지 개념을 포함한다. 첫번째는 재화에 대한 할인율로, 서로 다른 시점에서 재화의 상대적 가격을 측정하는 긍정적인 개념이다. 이는 또한 실질 자본수익률, 실질이자율, 자본의 기회비용, 실질수익률이라고도 불린다. 실질수익률은 전체 가격 수준의 변동에 따라 수정된 투자수익률을 측정한다.

수익률은 원칙적으로 시장에서 관찰할 수 있다. 예를 들어 2007년에 20년 만기 미국 재무부 국채의 실질수익률은 연간 2.7%였다. 지난 40년 동안 미국의 비금융 회사에 대한 세전 실질수익률은 연평균 6.6%였으며 1997~2006년 동안 미국의 비금융 산업에 대한 수익률은 연평균 8.9%였다. 인적 자본에 대한 추정 실질수익률은 국가와 기간에 따라 연간 6%에서 연간 20% 이상으로 다양하다. IPCC 2차 평가보고서는 실질수익률을 논의했고 연간 5~26%의 실질 투자수익률을 보고했다.[10] 통합 및 지역 모델을 사용한 나의 경험적 연구에서는 많은 연구를 통해 얻은 수익률의 추정치에 근거하여 대체로 연간 약 6%의 표준 실질자본 수익률을 사용한다. 이것은 소비에 대한 실질할인율이기도 한데, 왜냐하면 세금은 이 분석에서 제외되기 때문이다.

두번째 중요한 할인 개념은 시간 경과에 따른 다양한 가구 또는 세대의 상대적인 경제적 후생 가중치에 관한 것이다. 때로는 이를 '사회적 시간선호도의 순비율'이라고 부르기도 하지만 여기서는 간결성을 위해 '시간할인율'이라고 부르겠다. 시간할인율은 이자율처럼 시간 단위당 백분율로 계산되지만 미래의 재화나 달러가 아니라 미래 후생의 할인율을 말한다. 0의 시간할인율은 무한한 미래로 향하는 미래 세대가 현세대와 동등하게 대우받는 것을 의미하며, 플러스 시간할인율은 미래 세대의 후생이 가까운 세대에 비해 감소되거나 '할인됨'을 의미한다. 철학자들과 경제학자들은 경제 성장, 기후변화, 에너지 정책, 핵폐기물, 제방 등의 주요 인프라 프로그램, 노예제도 배상금 등 다양한 분야에서 시간할인율을 적용하는 방법에 관해 활발한 논쟁을 벌여왔다.[11]

다음 절에서는 세대 간 형평성에 관한 분석적이고 철학적인 주장, 할인율이 피해 측정에 미치는 영향 및 기후변화, 저축행동, 불확실성 하에서의 행동을 경제적으로 모델링할 때 할인율의 역할을 검토한다.

• 최적 경제 성장의 분석적 배경

지구온난화의 경제학에 관한 다른 여러 연구들처럼, 『스턴 보고서』는 경제 성장 이론의 구조에서 배출 감축과 피해의 균형을 맞출 정책을 결정한다. 이 구조에서 세계 경제는 소비, 자본, 인구, 배출, 기후 등에 대한 베이스라인 경로로 시작한다. 정책은 배출량, 온실가스 농도, 영향, 소비량의 경로를 변화시킨다. 그런 다음 다양한 경로의 순위를 매기는 사회후생 함수를 사용하여 기후정책과 소비의 대안적 경로를 평가한다.

『스턴 보고서』가 경제를 모델링하고 그 결과를 평가하는 데 사용한 구체적 접근방식은 램지-코프만스-카스의 최적 경제 성장 모델이다.[12] 이 이론에서 핵심적 의사결정자는 규정되지 않은 기간 동안 소비효용의 할인된 값인 사회후생 함수(social welfare function)를 최대화하기를 원한다. 이러한 경제에서 경제 단위는 세대나 집단이다. 경제활동은 단일 변수인 $c(t)$로 대표되는데, 이는 일인당 기준에서 해당 세대 또는 집단이 전용하는 소비 자원으로 해석할 수 있으며 특정 연도로 할인된다. 이러한 분석은 소비, 수명, 업무와 여가의 시간 계획표 같은 세대의 의사결정 세부사항을 억제할 뿐만 아니라, 특별히 사회적 선택과 연관되지 않은 명확한 요소로서 개인적 위험회피와 시간선호도 같은 개별 선호도를 억제한다.

수학적 편의를 위해 세대가 연속적으로 존재한다고 가정하면 연속적인 시간에서 결정을 분석할 수 있다. 제3장에서 기술한 바와 같이 이 구조에서 사회후생 함수는 추가하고 분리할 수 있는 실용적 형태인 $W = \int U[c(t)]e^{-\rho t}dt$로 나타난다. 여기서 $c(t)$는 세대의 일인당 소비량이며, $U[.]$는 세대별 소비 수준의 상대적 가치를 비교하는 데 사용되는 효용함수이자 세대별로 적용되는 시간할인율이다. 현재 논의의 단순성을 위해 여기서는 일정한 인구가 1로 정규화된다고 가정한다.

이쯤에서 잠시 중요한 주의사항을 설명할 필요가 있다. 여기서 분석한 변수는 세대별 후생의 비교에 적용되며 개별 선호도에는 적용되지 않는다는 점에 유의해야 한다. 시간선호도, 위험선호도, 효용함수의 개별 비율은 (적어도 원칙적으로는) 논의나 논쟁에 전혀 들어가지 않는다. 개인은 높은 시간선호도나 이중 쌍곡선 할인이나 부정적 할인을 가질 수 있지만, 이것이 사회적 결정의 세대별 가중치와 반드시 직결되는 것은 아니다. 소비탄력성에도 이와 유사한 주의사항이 적용된다.

『스턴 보고서』는 양(+)의 시간할인율로 장기적 결정을 내리는 것은 어불성설이라고 주장한다. "우리의 주장 (…) 그리고 이런 장기적이고 윤리적인 문제를 검토한 다른 여러 경제학자들과 철학자들의 주장은 [양의 시간할인율이] 오직 소멸의 외생적 가능성을 설명할 때만 유의미하다는 점이다."[13] 이를 지지하는 주장은 사실상 불충분하며 꼭 필요한 것도 아닌데, 바로 양의 시간할인율 때문에 사회가 먼 미래에 발생하는 큰 비용을 무시하게 될 것이라는 주장이다. 『스턴 보고서』에 사용된 실제 시간할인율은 연 0.1%인데 소멸 확률의 추정으로 애매하게 정당화될 뿐이며, 우리의 목적에서는 거의 0에 가까운 것으로 취급할 수 있다.

『스턴 보고서』는 DICE 모델처럼 효용함수가 소비 한계효용에 대해 일정한 탄력성을 지닌다는 더욱 관습적인 가정을 전제한다. 여기서는 이러한 파라미터를 간단히 '소비탄력성'이라고 부르겠다. 일정한 소비탄력성은 효용함수가 $0 \leq a \leq \infty$에 대해 $U[c(t)] = c(t)^{1-a}/(1-a)$ 형태를 가지고 있음을 의미한다.

세대(g^*)당 일정 인구와 일정 소비증가율로 사회후생 함수를 최적화하면 자본에 대한 균형 실질수익률 r^*과 다른 파라미터의 관계에 대한 표준 방정식 $r^*=\rho+ag^*$이 도출된다. 이를 '램지 방정식'이라고 한다. 『스턴 보고서』에서는 램지 방정식을 지구온난화 정책의 시점 간 선택을 고려하는 중심 구조 개념으로 받아들인다. 램지 방정식은 최적의 후생하에서 자본수익률이 세대의 시간선호율, 사회정책의 세대 간 소비불평등 반감 수준, 세대의 소비증가율에 따라 결정된다는 것을 보여준다. 성장중인 경제에서 높은 자본수익률은 높은 시간할인율이나 세대 불평등에 대한 높은 반감에서 발생할 수 있다.

사회후생 함수, 소비탄력성, 시간할인율에 관한 『스턴 보고서』의 주장은 얼마나 설득력이 있을까? 『스턴 보고서』가 채택한 사회후생 함수의 관점은 심각한 문제들을 드러낸다. 이는 세계가 지구온난화라는 위험과 싸울 방법을 결정하는 데 있어서 아마도 꺼져가는 대영제국의 불씨를 되살리려는 세계적 사회계획가의 오만한 시야를 보여준다. 총독관저 공리주의[14]에 따르면, 전 세계는 『스턴 보고서』 저자들의 윤리적 관점에서 설득력이 있다고 여겨지는 시간할인율과 소비탄력성의 조합을 받아들여야 한다.

나는 항상 총독관저 접근방식이 지구온난화의 맥락에서, 특히 주권국 간의 정책 협상을 제시하는 데 있어서 오해의 소지가 있다고 느껴왔다. 따라서 그 대신 개념적인 관점에서 베이스라인 경로가 현재 존재하는 시장 및 정책 요인의 결과를 나타낸다고 해석할 것이다. 다시 말해 DICE 모델은 인구, 생산, 소비, 저축, 이자율, 온실가스 배출, 기후변화 및 기후 피해의 수준과 성장을 긍정적인 관점으로 예측하려는 시도다. 이러한 접근방식은 기존 조건하에서 공간이나 시간에 따른 소득분배의 사회적 타당성에 근거가 되지는 않는다.

효율적인 기후변화 정책에 따른 세계 후생의 변화 계산은 공간과 시간에 걸친 기존의 수익과 투자 분포의 맥락에서 잠재적 개선을 검토한다. 이 접근방식은 할인과 관련되기 때문에 기후 투자의 기준으로 대체 투자 수익을—**진정한** 실질이자율로서—주의깊게 검토할 것을 요구한다. 철학자들, 경제학자들 또는 영국 정부가 규정하는 규범적으로 수용 가능한 실질이자율은 미국, 중국, 브라질 등 나머지 세계의 실제 금융 및 자본 시장에서 적절한 할인율 결정과는 무관하다. 각국이 배출 감축과 부담의 분담에 관한 국제 거래에서 자국의 이익을 저울질할 때 살피는 것은 이론적 성장 모델에서 얻을 이익이 아니라 거래에 따른 실제 이익과 다른 투자를 비교한 수익이다.

• 시간할인율의 철학적 문제

『스턴 보고서』의 할인율에 관한 윤리적 추론은 기후변화에 대한 실제 투자나 협상과는 대체로 무관해 보이지만 나름의 장점을 지닌 주장으로서 고려해볼 만하다. 먼저 우리는 찰링 코프만스Tjalling Koopmans가 성장이론의 할인에 관한 혁신적인 분석에서 경고했던 바를 기억할 필요가 있다. "최적 성장의 문제는 너무 복잡하거나 적어도 너무 생소하기 때문에, 대안적 선택의 의미를 파악하지 않고서는 전적으로 선험적인 [시간할인율을] 선택하기가 쉽지 않다."[15] 이러한 결론은 코프만스가 분석한 단순하고 결정적이며 정태적인 2-입력 모델

보다 더욱 복잡한 지구온난화 모델에서 더더욱 큰 힘으로 작용한다.

『스턴 보고서』는 근본적인 윤리에 따라 거의 0에 가까운 시간할인율로 대표되는 세대 간 중립성이 필요하다고 주장한다.『스턴 보고서』의 사회후생 함수의 이면에 있는 논리는 우리가 생각하는 것만큼 보편적이지 않다. 그 논리는 철학적 입장에 수반되는 모든 논쟁과 부담을 지닌 영국의 공리주의 전통에서 비롯된다.[16] 이와 상당히 다른 윤리적 입장은 각 세대가 물려받은 만큼의 총사회자본(무형, 자연, 인간, 기술)을 남겨줘야 한다는 주장이다. 이러한 주장은 광범위한 시간할인율을 허용할 것이다.

이와 근본적으로 다른 접근방식은 사회가 가장 가난한 세대의 경제적 후생을 극대화해야 한다는 롤스Rawls의 관점일 것이다. 이 정책의 윤리적 함의는 향후 예상되는 생산성 향상을 반영하려면 현재의 소비가 급격히 증가해야 한다는 것이다. 불확실성에 대한 롤스식 관점의 확장은 사회가 가장 위험한 경로를 따라 최소 소비를 극대화하는 예방적(최소극대화) 원칙이 될 것이며, 이는 잠재적인 질병과 기근에 대한 숙고에서 백신, 곡물, 기름, 물을 비축하는 일을 포함할 수 있다. 그러나 더 멀리 본다면 인류 중심적 가치 외에도 생태학적 가치를 고려해야 할 것이다. 주요 종교의—현재와 미래의—도덕은 램지 성장이론의 공리적 계산과 충돌할지도 모른다.

문제를 더욱 확장하자면 이러한 접근방식 중 어느 것도 실제의 시점 간 의사결정 구조에 영향을 주지 않는다는 점에 유의해야 한다. 현 세대가 미래 세대를 위해 결정을 내리거나 미래 세대의 손을 묶을 수는 없기 때문이다.[17] 각 세대는 다음 세대에게 자본의 바통을 건네주며 미래 세대가 분별 있게 행동해 바통을 떨어뜨리거나 파괴하는 재앙적 선택을 피하기를 바라는 일개 릴레이 팀원에 지나지 않는다. 더구나 우리는 때로 경쟁하고 때로 협력하는 릴레이 팀이라는 개방경제의 세계에 살고 있기에 세계 자본시장이 동시 릴레이 경주, 바통 떨어뜨리기, 실존 전쟁, 시공간에 따라 다양한 규범을 어떻게 평준화할 것인지 고려해야 한다.

『스턴 보고서』에서는 이러한 대안 중 어느 것도 심각하게 고려하지 않았지만, 그중에서 선택하지 않더라도 대안적이고 윤리적인 관점이 가능하다는 것은 분명히 해야 한다. 더구나 대안적 관점은 바람직한 기후변화 정책에 있어 매우 다른 처방들을 제시한다. 이는 나중에 다시 살펴보겠다.

• 램지 방정식의 대안적 보정에 따른 실질이자율

대체로 헤드라인을 장식하는 것은 시간할인율이지만, 현재 효율적인 배출 감축을 이끄는 변수는 실질 자본수익률이다. 오늘날 배출 감축의 한계 소비비용과 미래에 감소될 기후 피해의 할인된 한계 소비효용 간에 균형을 이루는 것은 자본에 대한 실질수익률이다.

하지만 최적 성장의 구조에서 실질수익률은 앞서 논의한 램지 방정식에 따라 결정되는 내생적 변수다. 균형에서 실질이자율은 시간할인율뿐만 아니라 두번째 윤리적 변수인 소비탄력성에 따라 결정된다. 현실적 분석은 조세제도의 왜곡, 불확실성, 투자에 대한 위험 프리미엄

등도 감안해야 하지만 현재 상황에서는 이런 복잡성을 무시할 것이다.[18]

『스턴 보고서』는 소비탄력성이 1이라고 가정하여 로그 효용함수를 산출한다. 탄력성 파라미터는 최초 보고서에서 정당화 없이 일반적으로 논의된다.[19] 일인당 연간 생산량을 1.3%로, 연간 시간할인율을 0.1%로 가정한 장기적 성장은 연간 1.4%의 균형 실질이자율로 이어진다. 이 비율은 실질수익률이나 경제가 장기적 균형에 도달하지 못했을 가능성에 대해서는 아무런 언급도 없이 부분적 균형 구조에서 사용된 것으로 보인다.

실질이자율은 현재의 배출 감축 비용과 미래 피해의 경제적 편익 간에 균형을 맞추는 데 필수적이지만, 『스턴 보고서』에는 실질이자율의 결정적 역할이 언급되지 않았다. 하지만 성장 모델이 관측 가능한 실질이자율 및 저축률과 일치하도록 설계된 경우에는 이를 보정할 때 시간할인율과 소비탄력성을 독립적으로 선택할 수 없다. 연간 실질이자율 4%와 일인당 소비증가율 1.3%를 맞추려면 높은 시간할인과 높은 소비탄력성의 조합이 필요하다. 예를 들어 『스턴 보고서』가 가정한 경제 성장을 적용할 때 제로 할인율은 4%의 수익률을 내기 위해 소비탄력성 3을 요구한다. 『스턴 보고서』의 소비탄력성 1을 적용하면 관찰된 수익률에 상응하는 데 연간 2.7%의 시간할인율이 필요하다.

이 장 후반에 논의될 DICE-2007 모델의 실험은 인구 증가와 일관적이지 않은 소비 성장 때문에 이러한 균형 계산과는 약간 다르지만, 우리는 균형 계산을 사용하여 그 결과를 어느 정도 반영할 수 있다.

베이스라인의 경험적 모델에서는 소비탄력성 2와 연간 1.5%의 시간 할인율을 적용한다. 이는 DICE-2007 모델에 의해 21세기 동안 예상되는 소비증가율과 함께 연간 5.5%의 균형 실질이자율을 산출한다. 나중에 제시할 모델링 부분에서 알 수 있듯이 효용함수 보정은 지구온난화 모델의 결과에 엄청난 차이를 야기한다.

『스턴 보고서』의 접근방식은 소비와 저축에도 중대한 의미를 지닌다.[20] 이 보고서의 철학이 채택된다면 현재보다 훨씬 더 높은 총체적 저축 효과를 낼 것이다. 첫번째 근사치에서 시간할인과 소비탄력성에 대한 『스턴 보고서』의 가정은 최적의 전 세계 순저축률을 두 배로 증가시킬 것이다. 이는 고려해볼 가치가 있을지도 모르지만 윤리적 설득력은 없어 보인다. 일인당 세계 소비는 현재 6600달러 수준이다. 『스턴 보고서』의 가정에 따르면 이 추세는 2세기 동안 매년 1.3%씩 성장하여 약 87000달러에 이를 것이다. 우리가 이런 수치를 사용한다면, 안 그래도 풍요로울 미래 세대의 후생을 개선하기 위해 우리의 현재 소비를 상당량 줄일 의무가 있다는 윤리적 주장에 설득력이 있겠는가?

• 재정정책 실험

우리는 특정한 감축 정책이 미래 세대의 소비 가능성을 개선할 것인지 묻는 재정 실험을 가정함으로써 램지 분석에 대한 직관적 설명을 제시할 수 있다. 온실가스 배출량 감축 정책이 본질적으로 존재하지 않는 현재 상황에 해당하는 소비 경로부터 시작해보자. 이 경로를 '베이스라인' 경로라고 부르겠다. 그런 다음 램지 성장 모델의 최적화에 해당하는 일련의 감축 전략을 채택한다. 하지만 이러한 최적 감축 전략과 함께 현재의 베이스라인 소비 수준을 (이를테면 50년 동안) 유지하기 위해 재정세와 이전 정책을 수행한다. 초기에는 최적 소비가 약간 더 낮을 수 있기 때문에 재정정책 실험은 일정 기간 동안 감축과 재정 적자와 부채 축적을 수반하며, 그런 다음 한동안 재정 흑자와 부채 상환이 뒤따를 것이다. 이것을 '최적+적자' 전략이라고 부르자. 본질적으로 이러한 대안은 현재 소비를 그대로 유지하지만, 사회적 투자를 전통적 자본(구조, 장비, 교육 등)에서 온실가스 배출 감축 투자(이를테면 기후 자본)로 재조정한다.

투자와 재정정책이 효율적으로 설계되어 자본이 시장의 실질수익률로 측정된 한계 생산물을 지속적으로 얻을 수 있다고 가정하면, 최적+적자 전략은 모든 미래 세대의 소비 가능성을 증가시킬 것이다(이는 50년 후 나타날 것이다). 다시 말해 감축 정책은 실제로 파레토 개선* 과정(Pareto-improving)에 있다. 이는 미래의 어느 시점에 이르면 기후 자본에 대한 투자가 수익을 거두고 생산량이 베이스라인 이상으로 증가하며 부채가 상환될 수 있음을 암시한다.

우리는 또한 이 구조를 사용하여 『스턴 보고서』의 매우 엄격한 배

---

* 파레토 개선: 어떤 자원배분 상태에서 다른 사람에게 손해가 가지 않고서는 한 사람에게 이득이 되는 변화를 만들어내는 것이 불가능한 경우를 '파레토 효율'이라고 한다. 반면 자원배분 상태가 파레토 비효율이면 누구에게도 손해가 가지 않게 하면서 최소 한 사람 이상에게 이득을 주는 '파레토 개선'이 가능하다. 이탈리아 경제학자 빌프레드 파레토가 경제적 효율성과 수입의 분배 연구에서 사용한 개념이다.

출 감축 전략을 평가할 수 있다. 50년 동안 소비를 변화시키지 않기 위해 『스턴 보고서』의 배출 통제 전략을 채택하고 재정정책—즉 '보고서+적자' 전략—을 사용하는 것을 고려해보자. 추정된 시장수익률에 부합하는 자본수익률을 사용하는 『스턴 보고서』의 전략은 미래 세대들이 최적+적자 전략보다 더 적은 소비를 하게 만들 것이다. 실제로 내 계산에 따르면 『스턴 보고서』의 전략은 미래를 분명히 악화시킬 것이다(즉 파레토 악화 과정이 될 것이다). 『스턴 보고서』의 접근방식은 저생산 감축 전략에 너무 성급하게 투자하기 때문에 비효율적이다. 50년 후에 전통적 자본은 많이 줄어드는 반면 기후 자본은 약간 증가할 뿐이다. 효율적 전략은 초기에는 전통적 자본에 더 많이 투자하고 훗날 기후 자본에 대대적으로 투자하기 위해 이 같은 추가 자원을 사용할 수 있다.

• 0에 가까운 할인율의 영향 측정

이러한 분석 포인트는 『스턴 보고서』의 기후변화로 인한 잠재적 피해 추정치를 이해하는 데 유용하다. 『스턴 보고서』는 "이러한 요소를 종합하면 아마도 기후변화의 비용은 일인당 소비량의 20%에 상당하는 수준으로 계속 증가할 것이다"라고 결론짓는다. 이 섬뜩한 진술은 지구가 아주 가까운 미래에 기후 절벽으로 추락할 위험에 매우 근접했음을 시사한다. 분별력 있는 사람이 이처럼 암울한 전망에 직면한다면 틀림없이 현재의 정책을 재검토할 것이다.

하지만 자세히 살펴보면 이러한 진술은 소비 손실에 대해 특이한 정의를 채택하고 있기 때문에 상당한 오해를 불러일으킬 수 있다는 것을 알게 된다. 『스턴 보고서』에서 '지금' 상당한 손실이 있다고 말할 때는 '오늘'을 의미하는 것이 아니다. 여기서 사용된 소비 척도는 본질적으로 비례적 소득 연금인 소비의 "균형을 이룬 성장의 등가물"이다. 0의 할인율에서 이는 불확정한 미래에 걸쳐 평균 연간 소비손실에 해당하는 확실성이다.

실제 '오늘'로서의 지금 『스턴 보고서』의 생산량 손실 추정치는 본질적으로 0이다. 게다가 기후변화로 예상되는 영향은 미래에 훨씬 더 많이 발생한다. 재앙적이고 비시장적인 영향을 미치는 높은 기후변화 시나리오를 예로 들어보자. 이 경우 평균 손실은 2060년 세계 생산량의 0.4%, 2100년의 2.9%, 2200년의 13.8%다.[21] 이는 '현재 일인당 소비량'에서 14.4%의 손실로 계산된다(Stern 2007, [표 6.1] 참조). 더욱 암울한 조정의 경우 지속적으로 일인당 소비량의 20%를 삭감하는 '높은+' 사례가 된다.

어떻게 21세기 동안 생산량의 약 1%를 차지하는 피해가 지속적인 14.4%의 소비 감소가 될 수 있을까? 거의 0에 가까운 할인율에서 향후 2세기 동안의 낮은 피해는 그 이후 수세기 동안의 장기적 평균에 압도되기 때문이다. 실제로 우리가 『스턴 보고서』의 방법론을 사용한다면 '지속적인' 피해의 추정치 절반 이상은 2800년 이후에 발생한다. 이로써 피해의 수수께끼가 풀린다. 지구온난화에 따른 대형 피해는 거의 0에 가까운 시간할인율 때문에 높은 현재 가치로 확대된 먼 장래에서의 추정적인 대형 피해를 반영한다.

• 주름 실험

낮은 할인율의 효과는 '주름 실험'을 통해 제시할 수 있다. 과학자들이 2200년부터 그 이후까지 동일한 비율로 지속되며 순소비의 0.1%만큼 피해를 초래하는 기후 시스템의 주름을 발견했다고 가정해보자. 2세기 이후 시작될 주름을 없애기 위한 오늘의 일회성 투자는 어느 정도까지 정당화될 수 있을까? 『스턴 보고서』의 방법론을 사용한다면 주름을 없애기 위해 현재 연간 세계 소비량의 56%까지 희생해야 한다는 결론이 나온다.[22] 다시 말해 2200년에 시작될 작은 문제를 해결하는 것은 오늘날 약 30조 달러의 일회성 소비 억제와 동등한 가치가 있다.[23]

이 점을 평균 소비 수준으로 환산하면 명확해진다. 『스턴 보고서』의 성장 예측에 따르면 2세기 이후에 소비가 87000달러에서 86900달러로 감소하는(그리고 이후에도 지속적으로 같은 비율로 감소하는) 것을 막기 위해 오늘날 연간 일인당 소비를 6600달러에서 2900달러로 줄이는 것이 정당화된다. 이처럼 기이한 결과가 발생하는 이유는, 거의 0에 가까운 시간할인율 때문에 미래 소비 흐름의 가치가 너무 높아져서 먼 미래의 소득 흐름을 아주 약간 증가시키려면 현재 소득의 상당 부분을 희생해야 하기 때문이다. 이는 완전한 결과를 검토하기 전에 할인에 관한 이론적 가정을 받아들이는 데 조심해야 한다는 코프만스의 경고를 다시 한번 상기시킨다.

• 촉발 방아쇠와 불확실성

『스턴 보고서』의 거의 0에 가까운 시간할인율과 관련된 특징은 현재의 결정을 먼 미래의 불확실한 상황에 반응하는 촉발 방아쇠에 놓는다는 점이다. 전통적인 할인율에서 앞으로 수세기 후의 불확실한 상황은 오늘날의 결정에 아주 작은 비중을 갖는다. 결정은 가까운 미래에 초점을 맞춘다. 이와 달리 『스턴 보고서』의 할인율 시스템에서는 현재의 결정이 먼 미래의 불확실한 사건에 극도로 민감해진다.

앞에서 우리는 2200년 이후의 소득 흐름에 미치는 아주 작은 영향이 오늘날의 큰 소비 희생을 정당화시킬 수 있다는 것을 살펴보았다. 먼 미래 불확실성이 낮은 할인율 때문에 얼마나 확대되는지 설명하기 위해 동일한 사례를 사용할 수 있다. 기후의 주름이 확실하지는 않다고 가정해보자. 2200년 이후 소득 흐름을 0.1% 감소시키는 주름이 생길 확률은 10%에 지나지 않는다고 말이다. 그 확률을 0으로 줄이기 위해 오늘날 어느 정도의 보험료가 정당화될까? 전통적인 할인율에서(혹은 달리 말해 '상식적으로') 우리는 2세기 후의 그 어떤 낮은 확률의 주름도 무시할 것이다.

『스턴 보고서』의 거의 0에 가까운 할인율에서는 낮은 확률의 주름을 제거하는 것이 엄청난 가치를 지닐 것이다. 우리는 2200년의 불확실한 상황을 제거하기 위해 오늘날 1년 소비의 8%에 달하는 보험료(약 4조 달러)를 지불할 것이다. 불확실한 상황이 2200년이 아니라 2400년에 일어난다고 가정하더라도 보험료는 여전히 1년 소득의 6.5%가 될 것이다. 미래가 거의 0에 가까운 시간할인율로 인해 크게 확대되기 때문에, 서로 다른 임계 시점에 대한 정책은 사실상 동일할 것이다. 더구나 확률 추정치의 미세한 수정은 보험료에 큰 변화를 촉발할 것이다. 만약 주름이 생길 확률이 10%가 아니라 15%라는 게 발견된다면 보험료는 거의 50%(약 6조 달러) 오를 것이다.

이처럼 낮은 할인율의 특성은 기후변화 정책에서 긍정적으로 보일 수도 있지만, 우리는 그 의미 자체가 위험할 수 있는 다른 영역들을 상상할 수 있다. 낮은 시간할인율로 예방전쟁 전략을 수립한다고 상상해보자. 1세기 후의 핵 확산 가능성, 2세기 후 힘의 균형이 바뀔 가능성, 3세기 후 개발될 미래 기술 때문에 오늘 전쟁이 일어날 수도 있다. 제로 할인율 군사 전략가의 계산과 책략에서 지구촌이 얼마나 오래 살아남을 수 있을지는 불확실하다. 낮은 할인율을 사용하는 정책의 엄청난 결과를 보여주는 또다른 사례다.

DICE 모델의 대안적 할인율 전략과 『스턴 보고서』

앞에서 논의된 분석적 핵심은 지구온난화 경제의 경험적 모델을 사용하여 유용하게 제시할 수 있다. 모델링에 참여하지 않은 외부인들이 『스턴 보고서』의 상세한 결과를 이해하는 것은 사실상 불가능하다. 이를 이해하려면 여러 장에 걸쳐 경제학과 지구물리학을 학습하고, PAGE(Policy Analysis of the Greenhouse Effect: 온실효과 정책 분석) 모델 같은 복잡한 분석을 이해하고, 경제적·과학적 판단의 도출과 함의를 검토해야 한다. 『스턴 보고서』의 배경이 된 상세 계산은 공개되지 않았기 때문에 이러한 분석을 이해하는 것은 더욱 어려워진다.

다음에 설명할 대안적 접근방식은 『스턴 보고서』에서 사용된 접근 방식의 논리를 이해하기 위해 DICE-2007 모델을 사용하는 것이다. 여기서는 다음과 같은 세 가지 시뮬레이션을 실행하여 『스턴 보고서』의 접근방식을 분석한다.

실행 1. DICE-2007 모델에서의 최적 기후변화 정책
실행 2. 『스턴 보고서』의 제로 할인율을 사용한 최적 기후변화
실행 3. 제로 할인율과 재조정된 소비탄력성을 사용한 최적 기후변화

이러한 실행은 앞 장들과 다른 접근방식을 취한다는 점에 유의하자. 앞서의 추정치는 모든 정책 분석에 일관된 목적함수를 사용했다. 이 장에서는 대안적 목적함수의 영향을 검토한다.

실행 1은 DICE-2007 모델에서 최적 기후변화 정책을 계산한다. 이 실행은 DICE-2007 모델을 사용하여 앞 장들에서 설명한 바와 같이 기후변화 정책의 최적 경로를 계산한다. 실행 1(앞 장들에서의 최적 실행)에서 2015년 탄소 최적가격은 탄소 1톤당 42달러로 산출되며 2050년에는 95달러, 2100년에는 207달러까지 상승한다(모든 데이터는 2005년 미국 달러 기준). 배출 제한이 없는 탄소의 사회적 비용은 2005년에 1톤당 28달러다. 최적 배출 감축률은 2015년 16%, 2050년 25%, 2100년 42%다. 이 최적화된 경로는 1900년에서 2100년까지의 지구온도 상승을 2.8°C로 예측한다.

방금 논의한 표준 DICE 모델 실행 결과는 『스턴 보고서』의 결과와 근본적으로 다르다. 『스턴 보고서』는 통제 없는 체제에서 현재 탄소의 사회적 비용이 2005년 가격으로 탄소 톤당 350달러라고 추정한다.[24] DICE 모델 결과의 10배가 넘는 수치다. 『스턴 보고서』에서 급격한 배출 감축과 높은 탄소의 사회적 비용이 발생하는 주요 원인은 낮은 시간할인율 때문인 것으로 보인다.

따라서 실행 2는 『스턴 보고서』의 제로 할인율을 사용한 최적 기후변화를 계산했다. 시간할인율을 연간 0.1%로, 소비탄력성을 1로 변경한 것만 제외하면 나머지 사항은 실행 1과 동일하다. 이 변경은 기후변화 정책의 경로를 극적으로 변화시킨다. 실행 1에서 톤당 42달러였던 2015년 DICE 모델의 최적 탄소가격은 실행 2에서 톤당 348달러로 상승한다. 실행 2에서 권고하는 배출 감축률이 훨씬 더 큰— 2025년 배출 감축률 51%—이유는 미래의 피해가 오늘 발생하는 것처럼 취급되기 때문이다. 다시 말해 실행 2는 낮은 실질 자본수익률이 매우 높은 초기 탄소가격과 매우 급격한 초기 배출 감축을 초래한다는 직관을 확인시켜준다. 기후정책 경사로가 평평해지는 것이다.

실행 2의 한 가지 문제는 실제 시장 데이터에 비해 너무 낮은 실질 수익률과 너무 높은 저축률을 발생시킨다는 점이다. 이런 문제는 실행 3에서 제로 할인율과 재조정된 소비탄력성을 사용한 최적 기후변화로 수정된다. 이 실행은 램지 방정식에 따라 결정되며, 거의 0에 가까운 시간할인율을 유지하고 관찰 가능한 변수에 부합하도록 소비탄력성을 보정한다. 이 보정은 연간 ρ=0.1%와 α=3의 파라미터를 산출한다. 이 보정은 실행 3에서 처음 여덟 번의 기간 동안 연간 5.2%의 실질 자본수익률을 산출하며, 이는 실행 1의 연평균 수익률 5.3%과 비교된다. 실행 2(『스턴 보고서』의 실행)는 같은 기간 동안 연간 1.9%의 실질수익률을 산출한다.

실행 3은 표준 DICE-2007 모델의 최적 정책인 실행 1과 매우 유사하다. 실행 3의 2015년 최적 탄소가격은 43달러로, 실행 1의 탄소 1톤당 42달러를 약간 웃돈다. 이렇게 재보정된 실행은 『스턴 보고서』의 가정을 반영한 실행 2와 전혀 다른 결과를 보여준다. 시간할인율이 0에 가까운 실행 3이 어떻게 이처럼 실행 1과 유사한 걸까? 그 이

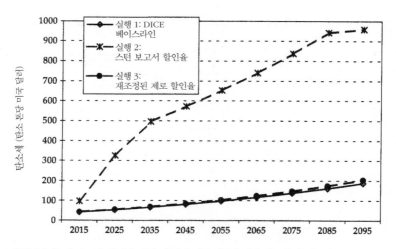

그림 9-1. 『스턴 보고서』 분석을 위한 세 가지 대안 실행의 최적 탄소세. 각 실행에서 계산된 최적 탄소세 또는 피해 한계비용과 배출 한계비용을 평준화하는 가격. 실행 방식은 본문에 설명되어 있다. 이러한 수치는 규제 없는 실행에서 추정된 탄소의 사회적 비용보다 약간 낮다. 금액은 2005년 국제 미국 달러를 기준으로 한 탄소 톤당 가격이다.

유는 실행 3이 높은 자본수익률 구조를 유지하고 있기 때문이다. 이 보정은 적어도 단기적으로는 비용-편익 딜레마뿐만 아니라 앞에서 논의한 저축 및 불확실성 문제를 해결해준다.

[그림 9-1]과 [그림 9-2]는 여기서 검토된 세 가지 실행에 따른 최적 탄소세 및 자본수익률의 시간 경로를 보여준다. 이러한 수치들은 『스턴 보고서』의 실행에서 높은 탄소세를 결정하는 것이 시간할인율 자체가 아니라 자본수익률을 통해 작용하는 시간할인율과 소비탄력성의 조합임을 의미한다.

이러한 실험들은 『스턴 보고서』와 다른 여러 경제 모델의 핵심적

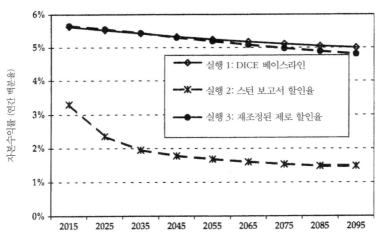

그림 9-2. 대안적 실행의 자본수익률. 『스턴 보고서』의 접근방식을 분석하기 위한 서로 다른 실행에서 자본의 한계생산. 개념상으로 수익률은 한 기간에서 다음 기간까지 소비의 할인율이다. 이 모델에는 인플레이션, 위험, 세금이 포함되지 않았다. 수치는 표시된 연도에서 다음 연도까지 추정된 기하 평균 실질수익률이다.

균형의 문제

차이가 그 모델에 적용된 자본이 내포하는 실질수익률에 있음을 잘 보여준다. 『스턴 보고서』의 보정은 실제 거시경제 데이터에 비해 너무 낮은 수익률과 너무 높은 저축률을 산출한다. 모델이 현재 시장 데이터에 적합하도록 설계된 경우, 모델 제작자가 시간할인율과 소비탄력성을 선택할 수 있는 자유도는 2가 아니라 오직 1뿐이다. 『스턴 보고서』는 할인율이라는 나무 사이에서 길을 잃고 두 가지 규범적 파라미터에 대한 제약을 간과하여 자본시장이라는 숲을 보지 못한 듯하다.

이 분석이 처음 실시된 이후 다른 모델 제작자들도 유사한 결과를 발견했다. 『스턴 보고서』의 몇몇 경제 모델링 실행에 사용된 PAGE 모델의 설계자인 크리스 호프Chris Hope는 특히 획기적인 일련의 작업을 실행했다. 호프는 『스턴 보고서』의 결과를 자신의 모델로 재현하려고 시도했다. 그는 PAGE 모델에서 일반적으로 사용되는 가정과 할인율을 대체했을 때 탄소의 사회적 비용 평균이 톤당 43달러에 불과하다는 것을 발견했다. PAGE 모델에서 연간 할인율을 단 0.1%만 대체해도 탄소의 사회적 비용 평균이 톤당 43달러에서 톤당 364달러로 증가하며, 이는 우리가 발견한 비율에 가깝다.[25] 지구온난화 경제학의 또다른 보정 모델을 사용한 세르게이 미티야코프Sergey Mityakov의 연구는 『스턴 보고서』의 할인율 가정에서 어떤 베이스라인 할인율을 사용하느냐에 따라 피해의 현재 가치가 8에서 16배까지 상승한다는 것을 발견했다.[26]

신중한 독자는 이 모든 분석으로부터 어떤 결론을 내려야 할까? 지구온난화는 복잡한 현상이며, 이 문제를 규명하는 데 도움을 줄 수 있는 많은 관점들이 존재한다. 합리적인 의사결정을 위해서는 강력한 대안적 시나리오와 민감도 분석이 필요하다. 어떤 토끼가 한밤중에 모자 속으로 뛰어들어 특이한 결과를 초래했는지 판단해야 하기 때문이다. 『스턴 보고서』의 주요 단점 중 하나는 바로 그런 강력한 분석이 결여되었다는 것이다.

요약 평가

지구의 온실가스 배출량을 얼마나 많이, 얼마나 빠르게 줄여야 할까? 국가들은 기후변화의 피해와 위험, 그리고 이에 대한 감축 비용의 균형을 어떻게 맞춰야 할까? 『스턴 보고서』는 이런 질문에 명확하고 단호하게 대답한다. "우리는 온실가스 배출량을 신속하고 급격하게 즉각적으로 줄여야 한다."

이는 "경제학자들은 항상 한쪽에서는 이렇게 말하고 다른 쪽에서는 저렇게 말한다."라던 해리 트루먼 대통령의 불평을 떠올리게 한다. 트루먼은 일관된 의견을 제시하는 경제학자를 원했다. 『스턴 보고서』는 대통령과 총리의 꿈을 실현시켰다. 이 보고서는 두려운 추측, 불확실한 상황, 이런저런 조건 대신 결정적 대답을 제시한다. 그러나 자세히 살펴보면 이런 대답 속에는 사실 또다른 의견이 존재한다는 것을 알 수 있다. 기후변화의 경제학에 대한 『스턴 보고서』의 급진적 수정은 새로운 경제, 과학 또는 모델로부터 도출되지 않는다. 그것은 오히려 특정 효용함수와 결합된 거의 0에 가까운 시간할인율 가정에 결정적으로 의존한다. 극단적이고 즉각적인 조치가 필요하다는 『스턴 보고서』의 단호한 결론은 오늘의 시장 실질이자율과 저축률에 더욱 부합하는 추정과 대안 사이에서 살아남지 못할 것이다. 따라서 지구온난화 정책에 대한 핵심 질문들―얼마나 많이, 얼마나 빠르게 감축할 것인가? 얼마나 많은 비용이 소요될 것인가?―은 여전히 미지수로 남아 있다. 그리고 『스턴 보고서』는 이런 근본적인 질문들에 유용한 대답을 제시하지 못한다.

요약 및 결론

이 책은 지구온난화 경제학의 초기 모델을 완전히 개정한 DICE-2007 모델의 결과를 소개하고 있다. 이는 기후변화와 관련된 문제를 분석하는 데 필요한 주요 요소들의 간단한 표현식을 종합한 전 지구적 통합 모델이다. DICE 모델의 주요 특징은 교토의정서 같은 기존 협약에서 도출되는 정책뿐만 아니라 통제 없는 정책, 경제적 최적 정책, 기후 규제를 목표로 하는 정책 등 대안적 정책이 경제와 환경에 끼치는 영향을 간단하고 투명하게 분석할 수 있다는 것이다. 우리는 몇 가지 주의사항과 요약 및 결론으로 이 책을 마무리할 것이다.

주의사항

이 책의 결론을 평가할 때 유념해야 할 몇 가지 주의사항이 있다. 이러한 주의사항은 제3장에서 다룬 논쟁적 이슈에 추가된다. 첫번째 주의사항은 모델의 구조, 방정식, 데이터 및 파라미터 모두 상당히 불확실한 요소가 있다는 것이다. 사실상 어느 주요 구성요소도 완전히 이해되진 않는다. 또한 이 모델은 완전히 이해되지 않는 현상의 장기적 예측을 수행하기 때문에 예측이 미래로 나아갈수록 오차가 커진다고 보아야 한다. 예를 들어 온도 예측은 2100년에 1.9~4°C의 불확실성 범위(확률분포의 중간 2/3 정도)를 나타낸다.

불확실성이 정책에 미치는 영향은 분명하지 않다. 일반적인 가정은 불확실성이 탄소 배출에 대한 더욱 엄격한 규제나 높은 탄소세로 이어지리라는 것이다. 하지만 이 가정이 반드시 옳은 건 아니다. 불확실성이 주로 생산성 변화에서 나온다면 불확실성의 존재는 최적 탄소세를 낮추는 조치로 이어질 수도 있다. 또한 합리적인 정책은 불확실성 해결의 시간 경로에 따라 달라질 것이다. 불확실성의 더욱 빠른 해결은 미래 결과의 정확한 특성이 드러날 때까지 비용이 덜 드는 규제를 부과하는 것이 유익할 수 있음을 의미한다. 이 책에서 불확실성 분석에 대한 한 가지 예비적인 발견은 최선의 추측 또는 확실성에 상응하는 정책이 기댓값 정책과 거의 차이가 없다는 것이다.

첫번째와 관련된 두번째 주의사항은 DICE 모델이 지구온난화와 관련된 경제 및 정책 문제를 이해하는 하나의 접근방식에 불과하다는 것이다. 이는 모델링 철학, 그리고 모델 설계자의 분석적·경험적 성향과 편견을 반영한다. 다른 모델들은 이 접근방식에서 얻을 수 없는 다양한 관점과 중요한 통찰력을 제공한다. 특히 중요한 문제는 시공간의 통합, 세대 및 국가 간의 빈부격차에 따른 분배, 역학·대기화학·지구물리학의 지역적 세부사항, 자본 총량의 고정성, 정치적 경직성, 국제협정의 교섭 등이다. 아무리 좋은 약이라도 모든 질병을 효과적으로 치료할 수는 없듯이 그 어떤 모델도 모든 질문에 정확하게 대답할 수는 없다.

세번째 주의사항은 DICE 모델이 배출, 농도, 기후변화, 배출 감축 비용, 기후변화의 영향 간의 주요 관계에 있어서 매우 단순화된 표현식을 포함하고 있다는 것이다. 많은 지역적 세부사항이 통합평가 과정에서 숨겨지거나 배제되며 이와 관련된 몇몇 상충관계, 특히 부유한 지역과 가난한 지역 간의 몇몇 상충관계는 파악될 수 없다.

고도로 종합된 관계의 활용은 하나의 주요 관심사로 인해 유발된다. 시스템에서 각 부분 간의 관계는 특히 장기간의 역학을 포함하기 때문에 매우 복잡하다. 따라서 가능한 한 단순하고 투명한 모델로 작업하는 것이 유용하다. 복잡한 시스템은 쉽게 이해할 수 없으며, 복잡한 비선형 관계의 상호작용 때문에 이상한 작용이 일어날 수도 있다. 더 많은 경제 분야, 더 많은 해양, 더 많은 온실가스, 더 많은 에너지 자원, 더 많은 생산함수, 더 많은 지역을 아우르다보면 투명성이 감소하고 모델의 사용을 방해하며 모델의 민감도 분석 성능이 손상될 수 있다. 자신의 학문 분야가 지나치게 단순화되었다고 느낄 이들에게도 사과를 드리고 싶다. 그와 동시에 중요한 지구물리학적·경제적 프로세스의 더욱 상세한 표현식을 제공하여 우리의 이해를 증진시키는 데 도움을 준 이들에게 감사드린다. 모델링에 있어서 작은 것은 정말로 아름답다.

주요 결과 및 결론

이 책은 모델 실행 과정에서 논의된 여러 결과를 담고 있다. 이 단락에서는 10가지 주요 결론을 강조하고자 한다.

첫번째 요점은 이상적이고 효율적인 기후변화 정책이 상대적으로 저렴할 것이며 장기간에 걸친 기후변화에 상당한 영향을 미칠 것이라는 점이다. 우리가 '최적'이라고 부르는 이 정책은 인류의 경제적 후생을 극대화할 배출 감축을 설정한다. 최적 정책의 순 현재 가치는 3조 달러다. 우리의 추정치에 따르면 최적 정책에서 전 지구적 감축 비용의 현재 가치는 할인된 세계소득의 0.1%인 약 2조 달러가 될 것이다. (본문, 표, 그림에서 모든 달러 값은 2005년 미국 달러 기준이며 구매력지수 환율로 측정되었다는 점에 유념하자.)

최적 정책은 1900년을 기준으로 지구온도 상승을 2100년에는 2.6°C, 2200년에는 3.4°C로 제한한다. 농도나 온도 제한이 경제적 최적화에 더해진다 해도 추가 비용은 가장 야심적인 목표를 제외한 모든 경우에 그렇게 높진 않다. 예를 들어 CO_2 농도를 산업화 이전 수준의 두 배로 제한하는 규제를 가하면 최적 정책보다 0.4조 달러의 추가적인 현재 가치 비용이 발생하고, 지구온도 상승을 2.5°C로 제한하면 1조 1천억 달러의 추가적인 현재 가치 비용이 발생한다.

정책의 순영향은 상대적으로 작지만 할인된 총 기후 피해는 크다는 점에 주목할 필요가 있다. 기후 피해의 현재 가치는 최적 정책의 경우 17조 3천억 달러로 추정되는 반면 (통제 없는) 베이스라인 사례의 경우 22조 6천억 달러로 추정된다.

두번째 요점은 탄소세나 탄소가격이 부과된 탄소의 사회적 비용(SCC)에 대한 검토 결과다. [표 5-1]에 나타난 우리의 추정치에 따르면 베이스라인 사례에서 2005년의 SCC는 탄소 1톤당 약 28달러다. (탄소가격은 보통 3.67배인 이산화탄소의 가격으로 표시되기 때문에, 현재의 SCC는 CO_2 1톤당 7.40달러다.) 2005년 탄소 1톤당 27달러로 추정되는 최적 탄소세보다 약간 높은 수치다.

이 수치들은 기후변화 정책에서 최적의 엄격함을 보여주는 가장 유용한 지표다. 최적 탄소세는 지구를 경제적 최적 경로, 즉 추가적 비용과 편익이 균형을 이루는 경로에 놓기 위해 부과되어야 할 탄소 배출의 규제 수준을 나타낸다. 베이스라인 SCC는 효율적인 배출 통제 프로그램이 취해야 할 최댓값을 나타낸다. 효율적인 부분적 프로그램(이를테면 참여가 불완전한 프로그램)의 탄소가격은 최적 가격보다 높을 수 있지만 결코 통제 없는 SCC를 초과하지는 않을 것이다.

중간적 기후 목표하에서의 SCC는 베이스라인 또는 최적 프로그램의 SCC보다 약간 더 높은데, 임계점에서 암묵적으로 매우 높은 비용을 가정하기 때문이다. 예를 들어 베이스라인 SCC의 톤당 28.10달러와 비교할 때 CO_2 농도를 2배로 제한하는 초기 SCC는 톤당 29.2달러가 된다. 기후 제한에 적용될 탄소세는 매우 엄격한 경우를 제외하면 경제적 최적화에 가깝다. 예를 들어 CO_2 2배 제한과 2.5°C 제한 사례에서 2010년 탄소가격은 각각 톤당 40달러와 톤당 42달러인 반면 제한 없는 최적 가격은 톤당 34달러다.

또한 이 책은 증가하는 피해와 점점 더 엄격한 규제가 필요하다는 점을 반영하기 위해 향후 수십 년 동안 최적 탄소가격의 경로가 급격히 상승해야 한다는 것을 보여준다. 예를 들어 최적 경로에서 탄소가격은 2050년에는 1톤당 95달러로, 2100년에는 1톤당 202달러까지 상승할 것이다. 탄소가격의 궁극적 한계는 백스톱 기술(모든 용도에 대해 비탄소 대체 연료를 풍부하게 제공하는 기술)을 이용할 수 있는 비용에 따라 결정될 것이다. 기후 제한 사례에서는 정확한 목표 선정에 따라 탄소가격이 더 가파르게 상승한다는 점에도 유의할 필요가 있다.

세번째 요점은 비용 효율적 정책의 필요성(또는 반대로 비효율적 정책을 피할 필요성)에 관한 것이다. 첫번째와 두번째 요점에서 인용된 결과는 정책이 효율적으로 수립되었다고 가정한다. 이는 탄소가격이 모든 분야와 국가에서 조화되고 면제 및 선호 분야가 없으며 탄소가격의 시간 경로가 올바르게 선택되었다는 의미다. 이 모두가 현재 우리가 아는 세계에서는 비현실적인 가정들이다. 예를 들어 교토의정서에서 탄소가격은 (높은 가격에서 0까지) 국가마다 다르다. 교토의정서에 포함된 국가 내에서도 일부 분야가 선호되며, 시간이 지남에 따라 효율적인 할당을 보장하는 메커니즘도 없다.

지극히 비효율적인 전략의 사례로 미국이 제외된 교토의정서의 결과를 살펴볼 수 있다. 이 경우 의정서 체제가 너무 작고 왜곡되어 있기 때문에, 피해의 현재 가치는 베이스라인보다 단 0.12조 달러 적은 반면 감축 비용은 0.07조 달러 많다. 또한 이 추정치는 교토의정서 포함 지역 내에서 정책이 효율적으로 실행되고 있다고 가정하지만 이는 명백히 실제와 다르다.

스턴과 고어가 제안한 '야심적인' 정책들은 정반대 문제를 보인다. 이들의 정책은 단기적으로 너무 큰 배출 감축을 부과하기 때문에 비효율적이다. 다시 말해, 이들은 효율적인 배출 통제 정책이 [그림 5-4]와 [그림 5-5]처럼 상향 기울기를 지닌다는 점을 고려하지 않는다. 야심적인 제안에서는 초기 배출 감축이 매우 급격하기 때문에 동일한 환경 목표를 달성하는 데 훨씬 더 높은 비용이 부과된다.

게다가 우리의 모델 실행 결과는 경제적 효율을 위해 참여의 중요성에 대한 추정치를 포함하고 있다. 감축 비용 함수가 매우 볼록하기 때문에 완전한 참여가 중요하다. 우리는 100%가 아닌 50%의 참여율이 250%의 감축에 대해 비용 불이익을 부과할 것이라고 예비적으로 추정한다.

일반화된 시장 메커니즘 대신 기술 표준을 사용하는 정책에서도 유사한 문제가 발생한다. 두 가지 눈에 띄는 제안은 석탄 화력발전소를 금지하고 자동차의 연비 기준을 대폭 높이는 것이다. 배출에 엄격한 규제를 가할 경우 두 산업 모두 대규모 조정이 필요하지만, 기술 표준은 둔감하고 비효율적인 수단이다. 몇몇 연비 제안과 동등한 탄소세를 계산해보면 최적 탄소세를 훨씬 초과하므로, 이는 동일한 목표를 달성하는 데 있어서 필요한 비용보다 더 큰 비용을 부과하는 셈이다.

또한 우리는 경제 전체가 배출 통제 전략의 영향을 받는다는 관점에서 참여를 생각해볼 수 있다. 많은 정책이 자동차 산업의 연비 기준과 같은 경제의 일부분에 초점을 맞추고 있다. 제한된 참여에 따른 고비용은 이 지점에서 동일한 압력으로 작용한다. 농부, 저소득층, 노동조합, 강력한 로비나 국제 경쟁력에 대한 정치적 우려 때문에 평균적 배출 집약도를 가진 경제의 절반이 면제받는다면 기후 목표 달성 비용에도 250%의 불이익이 부과될 것이다. 참여에 대한 우려는 국가 간의 관계뿐만 아니라 한 국가 내에서도 적용된다.

네번째 요점은 온실가스 배출과 기후변화에 대한 DICE 모델의 예측이다. 배출에 대한 DICE 예측은 IPCC가 사용한 여러 예측들과 다른 패턴을 보여준다. [그림 3-2]에서 볼 수 있듯이 DICE 모델의 기준선 CO_2 배출량은 2030년까지는 SRES 예상치의 최저점에 있다. 하지만 그 이후의 SRES 시나리오는 정체 경향을 보이는 반면, 베이스라인에서의 DICE 모델 예측인 통제 없는 전략은 급속도로 상승하고 있다.

DICE 모델의 베이스라인 온도 예측은 IPCC의 4차 평가보고서에서 분석한 예측의 중간 하단에 위치한다. IPCC 4차 평가보고서는 1980~1999년에서 2090~2099년까지의 지구 평균온도 상승에 대해 최선의 추정치를 1.8~4°C로 제시한다. DICE 베이스라인은 동일한 기간의 지구 평균온도 상승을 2.2°C로 추정한다.[1]

다섯번째 요점은 환경 친화적인 저비용 백스톱 기술의 경제적 이익이 순영향, 회피 비용, 피해 예방, 비용-편익 비율 면에서 매우 크다는 것이다. 우리는 저비용 기술 해법의 순 현재 가치가 약 17조 달러에 이를 것으로 추정한다.

여섯번째 요점은 교토의정서 분석에 관한 것이다. 이 책과 이전의 몇몇 연구들이 분석한 바에 따르면 현재의 교토의정서는 환경적 근거와 경제적 영향 모두에서 심각한 결함을 지닌다. 국가 하부그룹의 탄소 배출을 동결시키는 접근방식은 농도, 온도, 또는 피해에 대한 특정 목표와는 관련이 없다. [표 5-3]에서 볼 수 있듯이 교토의정서의 다양한 버전은 모두 비용-편익 테스트를 통과하지만, 그 순이익은 다른 정책에 비해 매우 적다. 예를 들면 [표 5-1]에 나타난 바와 같이 (미국을 제외한) 현재의 교토의정서는 효율적 정책에 따른 3조 4천억 달러의 순이익과 비교하여 약 0.15조 달러의 순이익을 지닌다. 더욱이 교토의정서의 다양한 버전이 지닌 비효율성을 감안하면 여기서 사용된 최소한의 비용-편익 테스트조차 통과하지 못할 것으로 보인다.

교토의정서에 대한 보다 낙관적인 해석은 그것이 보다 효율적인 기후변화 국제협정으로 가는 길의 어색한 첫걸음이라는 것이다. 초기 배출 감축이 낮다는 사실은 이행의 효율성을 극도로 낮추지만 이 책의 결과와 모순되지는 않는다. 교토의정서라는 물잔이 4분의 3이 비어 있는 것이 아니라 4분의 1이 채워진 것으로 본다면, 그 성과를 향상시키기 위해 도입되어야 할 주요 변화들이 있다.

일곱번째 결론은 우리가 '야심적인 제안'이라고 부르는 정책들―『스턴 보고서』의 제안, 고어 전 부통령의 제안, 최근 독일 정부의 제안―에 관한 것이다. 이 제안들은 초기 배출량 감축으로 기울어져 있다. 『스턴 보고서』는 명시적 목표가 없지만 450ppm 목표를 달성하려면 전 세계 배출량의 85%를 감축할 필요가 있다고 시사했다 (CO_2 농도와 CO_2 환산 농도 간에 다소 모호한 점이 있지만 『스턴 2007』의 [그림 8.4]을 참조할 것). 미국의 CO_2 배출량을 현재 수준에서 90%까지 감축한다는 고어의 2007년 제안은 훨씬 더 급진적이다. 2050년까지 전 세계 CO_2 배출량을 1990년 수준의 50%까지 줄인다는 독일의 2007년 제안도 그만큼 야심적이다.

이처럼 야심적인 목표를 달성하려면 분명히 급격한 배출 감축이 필요하겠지만, 지나치게 이른 감축으로 유발되는 시기적 문제가 이런 정책을 필요 이상으로 훨씬 비싸게 만든다. 예를 들어 고어와 스턴의 제안은 통제 없는 정책에 비해 17조 달러에서 22조 달러의 순비용을 갖는데, 이는 오늘 아무것도 하지 않는 정책보다도 더 비싸다. 독일 제안의 배출 감축 목표는 『스턴 보고서』의 분석과 거의 비슷하며 비용 불이익도 비슷하게 보인다. 이러한 결론은 영원히 아무것도 하지 않는 정책이 이 제안들보다 낫다는 의미가 아니다. 다만 향후 20~30년 내에 급격한 배출 감축을 진행하는 것(예를 들어 배출량의 80~90%를 감축하는 것)이 경제적으로 유리하지 않다는 점을 암시한다.

여덟번째로, 우리는 예비적인 불확실성 분석을 수행했다. 불확실성 실행의 중요한 적용은 높은 기후변화 결과의 위험 속성에 대한 의구심을 검토하는 것이다. 경제는 기후변화가 가장 높은 경우에 대한 위험을 회피해야 하는가? 현대의 위험 및 보험 이론에 따르면, 다양한 결과에 대한 위험 프리미엄은 세계의 다양한 상황에서 소비와 위험의 상관관계에 따라 결정된다. 우리는 계산을 통해서 온도 변화로 측정된 높은 기후변화 결과가 소비와 긍정적으로 연관되어 있다는 중요한 역설을 밝혀냈다. 이는 실제로 높은 기후변화 상태에 마이너스 위험 프리미엄이 존재한다는 역설적인 결과를 초래한다. 이러한 역설은 우리의 계산에서 총 요소 생산성 증가율의 불확실성(소비와 긍정적으로 연관됨)이 기후 시스템의 불확실성 및 피해함수(소비와 부정적으로 연관됨)를 능가하기 때문에 발생한다.

아홉째로, 여기서 분석한 기후정책에 따른 에너지 시장의 개입 규모와 범위를 과소평가하면 안 된다. [그림 5-11]은 각 정책과 기간에 대해 전 세계 소비량의 백분율로 표시된 탄소수익 이전을 보여준다. 수익 이전은 소비자로부터 생산자(허가가 생산자에게 할당되는 경우) 또는 정부(효율적인 탄소세를 통해 규제가 부과되는 경우)로 이전되는 총 달러다. 소득 재분배는 특히 야심적인 계획에 있어서 세계 소비의 상당 부분을 차지한다. 이 경우 단기적으로 이전이나 세금이 세계 소비량의 약 2%를 차지할 것이다. 예를 들면 2015년 배출량 50% 감축을 위해서는 탄소 톤당 약 300달러의 탄소세가 필요한 것으로 추정되며, 이는 전 세계적으로 소비자들로부터 약 1500조 달러의 총 이전을 가져올 것이다. 이런 금액은 전쟁 등 극한적인 재정상황에서 전례가 없진 않지만 통상적으로 볼 수 없는 재정 동원을 요구한다. 최적 또는 기후 제한 프로그램에서의 이전은 소비의 약 1%까지 점차적으로 증가하며 그 자체가 재정 구조의 주요 변화다. 상대적으로 적은 세금이나 가격 상승 때문에 종종 발생하는 불만을 고려하면, 경제적 최적화 같은 온건한 프로그램도 정치적으로는 부담스러운 것으로 판명될 가능성이 높다.

마지막 요점으로, 우리는 탄소세 같은 가격형 접근방식과 교토의 정서에서 사용된 양적 접근방식의 상대적 이점을 검토했다. 균형에는 많은 사항이 고려된다. 가격형 접근방식의 한 가지 장점은 배출 감축의 경제적 비용과 편익을 보다 쉽고 유연하게 통합할 수 있다는 것인 반면, 교토의정서의 접근방식은 환경이나 경제에 있어서 궁극적 목표와 연결되는 지점이 불명확하다. 이러한 장점은 이 영역의 거대한 불확실성과 과학 지식의 진화로 더욱 강화된다. 배출 세금은 비용 대비 편익의 상대적 선형성 때문에 엄청난 불확실성에 직면했을 때 더욱 효율적이다. 한 가지 관련 사항은 양적 제한이 배출 목표 접근방식하에서 탄소 시장가격에 높은 변동성을 야기한다는 것이다. 더구나 세금형 접근방식은 양적 접근방식보다 더 쉽게 수익을 포착할 수 있으며, 따라서 가격형 접근방식을 택하면 추가적인 세금 왜곡도 줄어들 것이다. 또한 세금형 접근방식은 지대 추구 행위를 조장하는 인위적 희소성을 만들지 않기 때문에 양적 제한보다 부패와 재정적 속임수의 여지를 줄인다.

탄소세는 배출, 농도, 온도 변화에 강한 규제를 가하지 않으므로 별다른 장점이 없는 것처럼 보인다. 그러나 이는 대체로 착시현상에 불과하다. 어떤 배출, 농도, 온도가 실제 '위험한 간섭'으로 이어질지는 매우 불확실하며, 과연 위험한 간섭이 존재하는지 여부조차 매우 불확실하다. 핵심 질문은 다음과 같다. 새로운 증거가 확보될 때 정책을 유연하게 변경할 수 있는 접근방식은 무엇인가? 조화된 탄소세나 협의된 배출량 제한을 잘못 설정했을 경우 주기적인 대규모 조정이 용이할 것인가? 이 같은 메커니즘의 상대적 유연성은 향후 수행해야 할 연구과제다.

우리는 혼합형 접근방식이 양적 접근방식과 가격형 접근방식의 장점을 결합할 수 있다고 제안하며 이를 '총량 및 세금' 시스템이라고 부른다. 혼합형 계획의 예로는 기본 탄소세와 벌금으로 이용할 수 있는 안전밸브 장치가 결합된 전통적 총량거래제가 있다. 예를 들어 초기 탄소세는 1톤당 30달러가 될 수 있으며, 여기에 50% 프리미엄으로 추가 허용량을 구매할 수 있는 안전밸브가 더해진다.

정책 수단에 관한 우리의 주요 메시지는 다음과 같다. 위험한 기후변화를 보다 효과적·효율적으로 늦출 방법을 모색하는 정책 입안자들은 조화된 탄소 배출세와 같은 가격형 접근방식이 정책을 조정하고 지구온난화를 늦출 효과적 도구일 가능성을 고려해야 한다.

이 책의 결론을 정리하자면 기후변화는 엄청난 불확실성의 영향을 받는 복잡한 현상이며, 우리의 지식은 사실상 매일 변화한다는 것이다. 기후변화는 단기간 내에 재난이 될 것 같지는 않지만 장기적으로는 심각한 피해가 될 가능성이 있다. 효율적인 접근방식의 설계에는 거대한 경제적 이해관계가 존재한다. 감축 없이 할인된 경제적 피해 총액은 23조 달러에 이른다. 이러한 피해는 잘 설계된 정책을 통해 크게 줄일 수 있지만, 현재의 교토의정서처럼 설계가 미흡한 정책은 피해를 줄이기에 부족하고 상당한 비용이 들 것이며 보다 효율적인 접근방식에 대한 열의를 차갑게 식힐 수도 있다. 마찬가지로 지나치게 야심적인 프로젝트는 면책, 허점, 타협이 만연할 가능성이 높으며 경제적 이익보다도 경제적 피해를 더 많이 유발할지 모른다.

우리의 관점에 따르면 가장 좋은 접근방식은 탄소 배출에 대한 규제를 점진적으로 도입하는 것이다. 특히 효율적인 한 가지 접근방식은 국제적으로 조화된 탄소세, 즉 빠르게 세계화되고 보편화되어 효과적으로 조화를 이루는 탄소세다. 조화된 탄소세의 확실하고 꾸준한 인상은 충격 프로그램처럼 극적 효과를 나타내지는 않을 수도 있지만 정치적 반대와 타협이라는 암초에 부딪힐 가능성도 적다. 느림, 꾸준함, 보편성, 예측 가능함, 단조로움—아마도 이것이 지구온난화에 대처하는 성공적인 정책의 비결일 것이다.

부 록 : D I C E - 2 0 0 7 모 델 방 정 식

이 부록은 DICE-2007 모델의 주요 방정식을 모아놓은 것이다. 초기 조건같이 중요하지 않은 방정식은 생략했다.

모델 방정식

(A.1) $W = \sum_{t=1}^{Tmax} u[c(t),L(t)]R(t)$

(A.2) $R(t) = (1+p)^{-t}$

(A.3) $U[c(t), L(t)] = L(t)[c(t)^{1-a}/(1-a)]$

(A.4) $Q(t) = \Omega(t)[1-\Lambda(t)]A(t)K(t)^{\gamma}L(t)^{1-\gamma}$

(A.5) $\Omega(t) = 1/[1+\Psi_1 T_{AT}(t)+\Psi_2 T_{AT}(t)^2]$

(A.6) $\Lambda(t) = \pi(t)\theta_1(t)\mu^{\theta2}$

(A.7) $Q(t) = C(t)+I(t)$

(A.8) $c(t) = C(t)/L(t)$

(A.9) $K(t) = I(t)+(1-\delta_K)K(t-1)$

(A.10) $E_{Ind}(t) = \sigma(t)[1-\mu(t)]A(t)K(t)^{\gamma}L(t)^{1-\gamma}$

(A.11) $CCum \geq \sum\limits_{t=0}^{Tmax} E_{Ind}(t)$

(A.12) $E(t) = E_{Ind}(t)+E_{Land}(t)$

(A.13) $M_{AT}(t) = E(t)+\phi_{11}M_{AT}(t-1)+\phi_{21}M_{UP}(t-1)$

(A.14) $M_{UP}(t) = \phi_{12}M_{AT}(t-1)+\phi_{22}M_{UP}(t-1)+\phi_{32}M_{LO}(t-1)$

(A.15) $M_{LO}(t) = \phi_{23}M_{UP}(t-1)+\phi_{33}M_{LO}(t-1)$

(A.16) $F(t) = \eta\{log_2[M_{AT}(t)/M_{AT}(1750)]\}+F_{EX}(t)$

(A.17) $T_{AT}(t) = T_{AT}(t-1)+\xi_1\{F(t)-\xi_2 T_{AT}(t-1)-\xi_3[T_{AT}(t-1)-T_{LO}(t-1)]\}$

(A.18) $T_{LO}(t) = T_{LO}(t-1)+\xi_4\{T_{AT}(t-1)-T_{LO}(t-1)\}$

(A.19) $\pi(t) = \varphi(t)^{1-\theta_2}$

변수의 정의 및 단위(별표는 내생적 변수를 나타냄)

$A(t)$ = 총 요소 생산성(생산성 단위)

*$c(t)$ = 재화 및 서비스의 일인당 소비량(2005 미국 달러)

*$C(t)$ = 재화 및 서비스 소비량(2005년 1조 단위 미국 달러)

$E_{Land}(t)$ = 토지 이용에 따른 탄소 배출량(기간당 10억 톤 단위 탄소)

*$E_{Ind}(t)$ = 산업용 탄소 배출량(기간당 10억 톤 단위 탄소)

*$E(t)$ = 총 탄소 배출량(기간당 10억 톤 단위 탄소)

*$F(t)$, $F_{EX}(t)$ = 총 외생 복사력(1900년부터 제곱미터당 와트)

*$I(t)$ = 투자(2005년 1조 단위 미국 달러)

*$K(t)$ = 자본총량(2005년 1조 단위 미국 달러)

$L(t)$ = 인구 및 노동력 투입량(100만 명 단위)

*$M_{AT}(t)$, $M_{UP}(t)$, $M_{LO}(t)$ = 대기, 상층 및 하층해양 저장소 내 탄소 질량(10억 톤 단위 탄소, 기간 시작)

*$Q(t)$ = 재화 및 서비스의 생산, 감축 및 피해 순액(2005년 미국 달러)

t = 시간 (10년 단위, 2001~2010년, 2011~2020년…)

*$T_{AT}(t)$, $T_{LO}(t)$ = 지구 표면 평균온도 및 하층해양 온도(1900년부터 증가한 °C)

*$U[c(t), L(t)]$ = 일시적 효용함수(기간당 효용)

*W = 효용의 현재 가치의 목적함수(효용 단위)

*$\Lambda(t)$ = 감축 비용 함수(세계 생산량의 일부로서 감축 비용)

*$\mu(t)$ = 배출-통제 비율(통제되지 않은 배출 부분)

*$\Omega(t)$ = 피해함수(세계 생산량의 일부로서 기후 피해)

*$\varphi(t)$ = 참여율(정책에 포함된 배출 부분)

*$\pi(t)$ = 참여비용 차액(완전한 참여시 감축 비용의 일부로서 불완전 참여시 감축 비용)

*$o(t)$ = 통제되지 않은 산업적 배출량 대 생산량 비율(2005년 가격으로 생산량당 탄소 톤)

파라미터

a = 소비 한계효용의 탄력성(순수치)

$CCum$ = 화석연료의 최대 소비량(탄소 10억 톤 단위)

γ = 일인당 생산의 탄력성(순수치)

δ_k = 자본 감가상각률(기간당)

$R(t)$ = 사회적 시간선호도 할인율 (시간 기간당)

$Tmax$ = 모델의 추정기간 길이(60주기 = 600년)

η = 온도강화 파라미터(제곱미터 와트당 °C)

$\emptyset_{11}, \emptyset_{12}, \emptyset_{21}, \emptyset_{22}, \emptyset_{23}, \emptyset_{32}, \emptyset_{33}$ = 탄소순환 파라미터(기간당 흐름)

Ψ_1, Ψ_2 = 피해함수 파라미터

ρ = 순 사회적 시간선호율(연간)

$\theta_1(t), \theta_2$ = 감축 비용 함수 파라미터

$\xi_1, \xi_2, \xi_3, \xi_4$ = 기후방정식 파라미터(기간당 흐름)

시간단계에 관한 참고사항

현재의 모델은 10년의 시간단계로 실행된다. 변수는 대개 1년간의 흐름으로 정의되지만 일부 변수는 10년간의 흐름으로 정의된다. 이전(移轉) 파라미터는 대개 10년 단위로 정의된다. 사용자는 시간단계의 정확한 정의를 결정하기 위해 GAMS 프로그램을 점검해야 한다.

감 사 의 말

이 연구는 예일대학교, 국립과학재단, 에너지부, 글레이저 재단의 폭넓은 지원을 받았다. 현재 버전에 이르기까지 수년 동안의 작업에 비판적 지원을 제공한 여러 단체의 프로그램 담당자들에게 감사드린다. 제8장의 내용은 *Review of Environmental Economics and Policy*에 수록되었고, 제9장의 내용은 *Journal of Economic Literature*에 수록되었다.

데이비드 코데리, 스티브 하오, 저스틴 로, 캐럴린 벌리는 현재 버전에 숙련된 연구 지원을 제공했다. 모델의 여러 개선사항에 관해 논평해준 윌리엄 클라인, 재 에드먼즈, 로저 고든, 아르눌프 그뤼블러, 데일 조겐슨, 클라우스 켈러, 볼프강 루츠, 데이비드 포프, 존 라일리, 제프리 삭스, 로버트 스타빈스, 리처드 톨, 마틴 와이츠먼, 존 웨이언트, 질리 양, 게리 요허, 그리고 여러 심사위원들과 평론가들께 감사드린다. 특히 DICE 모델 설계에 여러 번 협력했으며 지금은 지역 버전인 RICE 모델의 공동 프로젝트를 진행중인 질리 양에게 고마움을 전한다.

2007년 10월 IPCC(Intergovernmental Panel on Climate Change: 기후변화에 관한 정부 간 협의체)와 앨버트 고어 주니어에게 수여된 노벨 평화상은 "인간이 초래한 기후변화에 관해 더 많은 지식을 쌓아 전파하고, 그러한 변화에 대응하는 데 필요한 조치의 기반을 다지기 위한 그들의 노력"에 대한 보상이었으며 지구온난화와 관련된 과학, 사회, 환경 및 정책 문제의 중요성과 복잡성을 일깨워주었다. 이 책은 각 분야에서 일하는 사회과학자들과 자연과학자들의 특별한 노력에 큰 빚을 지고 있다. 특히 찰링 쿠프먼스, 레스터 마흐타, 앨런 마네, 하워드 라이파, 로저 라벨, 토머스 셸링, 조지프 스마고린스키, 로버트 솔로, 제임스 토빈 등 1세대 학자들의 기초과학 연구에서 혜택을 받았으며 IPCC의 네 차례 평가보고서에 기여한 친구와 동료 수십 명의 도움을 받았다. 뉴턴이 말했듯이, 내가 뭔가를 내다볼 수 있다면 그건 거인의 어깨 위에 서 있기 때문이다. 그러므로 이 책의 공로는 지구온난화에 대처하기 위해 애써온 과거의 거인들과 현재의 사회과학자들, 자연과학자들에게 돌아가야 한다.

주

서문

1. 이전 버전은 일련의 연구와 책으로 출판되었다. 중심 서술은 다음과 같다. Nordhaus 1979, Nordhaus and Yohe 1983, Nordhaus 1994, Nordhaus and Boyer 2000.

제2장

DICE 모델의 배경 및 설명

1. 이 주제의 광범위한 논의는 IPCC의 보고서, 특히 IPCC 2007b 보고서에 포함되어 있다.

2. 다음을 볼 것. European Commission 2006, Klepner and Peterson 2005. 구조와 효과 분석은 다음을 볼 것. Ellerman and Buchner 2007, Convery and Redmond 2007, Kruger, Oates, and Pizer 2007.

3. 이는 다음의 초기 연구에서 예측되었다. Nordhaus and Boyer 1999, Nordhaus 2001, Manne and Richels 1999, MacCracken et al. 1999. 제5장에서 논의했듯이 이 책에서도 기본적으로 동일한 결과가 확인되었다.

4. 참고로 이러한 연구는 DICE-2007.delta.v8 버전을 사용한다.

제3장

DICE-2007 모델의 방정식 도출

1. United Nations, Department of Social and Economic Affairs 2004는 유엔 시리즈를 보여준다. 새로운 IIASA 예측은 Lutz 2007를 통해 확인할 수 있었다.

2. International Monetary Fund 2006. 우리는 중국의 PPP GDP가 과대평가될 가능성을 반영하기 위해 중국에 35퍼센트의 하향 조정을 적용한다.

3. 피해 모델의 기본적인 설명은 다음을 볼 것. Nordhaus and Boyer 2000.

4. 감축 비용 함수는 MiniCam(Edmonds 2007)이 작성한 추정치뿐만 아니라 감축 비용 함수의 추정치 검토에 따라 보정된다. 자세한 설명은 이 장 뒷부분의 논의를 참조할 것.

5. MAGICC 2007. IPCC 2007b, p.809에 보고된 결과에 따르면 표준 탄소주기를 갖는 MAGICC 모델의 추정 온도민감도는 모든 SRES 시나리오에 대한 대기-해양 일반 순환 모델(Atmosphere-Ocean General Circulation Model; AOGCM)의 평균보다 약간 높다. 예를 들면 A2 시나리오의 경우 보고된 2090~2099년의 지구 온도상승을 1980~1999년의 평균값에 비교하면 MAGICC의 경우 AOGCM의 평균보다 약 0.2°C 높다. 하지만 이 책에서 사용할 수 있는 소프트웨어가 IPCC 계산에 사용된 소프트웨어와 정확히 일치하는지 여부는 불분명하다.

6. MAGICC 2007. 보정에 대한 자세한 내용은 다음을 참조할 것. "Accompanying Notes and Documentation on Development of DICE-2007 Model" (Nordhaus 2007a).

7. 다음을 볼 것. Brooke et al. 2005.

8. 개선 버전의 출처와 방법 관련 세부사항은 다음에 수록되어 있다. "Accompanying Notes and Documentation on Development of DICE-2007 Model" (Nordhaus 2007a).

9. 구매력지수 대 시장 환율의 사용과 관련된 문제의 전체 논의는 Nordhaus 2007b에 포함되어 있다.

10. IPCC 연구에 관해서는 IPCC 2001b를 참조할 것. 이 문제를 지적해준 Jeff Sachs와 새로운 함수를 조정하는 데 도움을 준 Jae Edmonds와 John Weyant에 감사드린다.

11. IPCC 1996.

12. Manne and Richels 1992, Nordhaus and Popp 1997, Nordhaus and Boyer 2000, Nordhaus 1994, Peck and Teisberg 1993, Hope 2006, and Webster 2002.

제4장

지구온난화에 대한 대안적 정책

1. 25기간은 계산상의 문제를 최소화하기 위해 선택한 임의의 기간이다. 규제 없는 기간이 250년 이상이라면 본질적으로 차이가 없다. 예를 들어 350년의 규제 없는 기간을 사용하면 40억 달러(할인된 소득의 0.0002%)의 추가적인 순 현재 가치비용이 발생하며, 호텔링 지대의 초깃값은 네번째 유효 자릿수까지 동일하다.

2. 다음을 볼 것. United Nations 2007.

3. 다음을 볼 것. Oppenheimer 1998 and Oppenheimer and Alley 2004.

4. 예를 들어 다음을 볼 것. Keller et al. 2005.

5. 최근의 논의는 Fussel et al. 2003를 참조할 것. 또한 이는 열염 순환의 변화를 촉발할 수 있는 온도 경로 아래로 기후를 안전하게 유지하는 배출 경로를 계산한다. DICE-2007의 모든 실행은 촉발 경로의 한참 아래에서 이루어진다.

6. 다음을 볼 것. Wigley, Richels, and Edmonds 1996.

7. 참여에 관한 분석은 제6장에 수록되어 있다.

8. 다음을 볼 것. Weyant and Hill 1999.

9. 다음을 볼 것. Stern 2007, Cline 1992.

10. 이는 예를 들어 *Congressional Quarterly* 2007에서 널리 보고되었다.

11. Gore 2007.

12. National Academy of Sciences 1992, p.460. 국립과학원 보고서는 탄소 톤당 1달러 미만의 비용으로 온실가스의 복사효과를 무제한 상쇄시킬 이론적 능력을 제공하는 여러 가지 옵션을 설명한다. (다음을 볼 것. National Academy of Sciences 1992, chap.28)

13. 이 훌륭한 탐구는 Keith 2000에 포함되어 있다. 지원 문서는 Teller, Wood, and Hyde 1997에 포함되어 있다. 지구물리학적 고려사항은 다음을 볼 것. Govindasamy, Caldeira, and Duffy 2003.

제5장

DICE-2007 모델의 실행 결과

1. 다음을 볼 것. Weyant and Hill 1999.

2. "2005년 SCC가 검토한 추정치는 탄소 1톤당 평균 43달러(즉 CO_2 1톤당 12달러)지만, 범위가 넓어서 이 평균은 크다. 예를 들면 100개의 추정치를 검토한 결과 탄소 1톤당 10달러(CO_2 1톤당 3달러)에서 350달러(CO_2 1톤당 95달러)까지 분포해 있었다." 다음을 볼 것. IPCC 2007a, p.17.

3. 모델링 실행은 배출 감축이 교토의정서에 따라 2008~2010년에 진행된다고 가정한다. 분석된 세부 계획은 2차 전체 모델링 기간인 2011~2020년에 시작되는 것으로 가정한다.

4. 이 단순화된 버전은 Nordhaus 1991, equation (9)에서 도출되었다. 이 근사치가 적합한 것은 여러 단순화된 가정을 만드는 지름길이 될 수 있기 때문이다.

제6장

참여의 경제학

1. 조화 비용에 대한 DICE 모델의 함수 형식은 특히 비참여비용에 대한 분명한 해법으로 이어지지만, 핵심 가정은 사실상 조화된 참여 지역과 비참여 지역으로 분리하는 것이다. 본문에서 추정한 바와 같이 함수 형식이 로그선형이 아니더라도 기본 관계는 비슷할 것이며, 국가와 산업의 분리가 가정된 경우에는 관련 범위의 볼록함 평균에 따라 달라질 것이다.

2. 여러 세분화된 모델들은 불완전한 참여에 따른 비용을 여기에 요약된 종류의 전 세계 거래와 비교했다. 추정치는 모델, 세분화 및 시간 범위에 따라 대체로 완전한 참여에 따른 비용의 2.1~4.1배 범위에 있다. 자세한 내용은 다음을 볼 것. Weyant and Hill 1999.

3. 이 접근방식은 예전에 로버트 스타빈스(Robert Stavins)가 독자적으로 내게 제안했으며 관련 논의는 Aldy, Barrett, and Stavins 2003에 포함되어 있다. 부시 제안은 2007년 백악관에서 발표되었다. 부시의 계획은 다음과 같다. "이 제안은 세계의 주요 온실가스 배출국들과 에너지 소비자들을 하나로 모으기 위한 것이다. 새로운 구조를 만드는 데 있어서 주요 배출국들은 온실가스를 줄이는 장기적·세계적 목표를 개발하기 위해 협력할 것이다. 각국은 자신의 상황을 바탕으로 자체적인 야심적인 중기 국가 목표와 프로그램을 수립하여 이러한 배출 목표를 달성하기 위해 노력할 것이다. 또한 자체적 성과를 평가하는 검토 과정을 통해 전 지구적 목표로의 진전을 보장할 것이다." 짐 코너턴(Jim Connaughton) 환경품질 위원회 의장은 이를 "장기적으로 염원하는 목표"라고 표현했다.

제7장

기후변화 정책의 불확실성

1. 기댓값과 최선의 추정 결과의 관계에 대한 이러한 결과는 여러 초기 연구들과 다르다. 주된 이유는 이전의 연구들이 종종 이자율이나 시간선호율에 대한 불확실성을 포함하기 때문에 유사한 연구에서 비선형성이 발견되는 반면 이 책에서는 발견되지 않았기 때문이다. 저자의 관점에 따르면 이 변수들은 기술이나 자연에 대한 불확실성보다는 (이자율에 대한) 내생적 변수나 (시간선호도에 대한) 체감 변수에 해당하기 때문에 이런 맥락에서는 부적절하고 불확실한 변수들이다. 여기에 제시된 불확실성 실행에서는 재화의 장기적 실질이자율에 대해 상당한 불확실성(일인당 소비 증가에 대한 불확실성을 반영하는)이 존재하기 때문에 이자율에 대한 불확실성의 결정요인이 이미 암묵적으로 포함되어 있다. 선호에 대한 불확실성은 다른 문제다. 시간할인율 같은 선호에 대한 불확실성을 다룬 명확한 해석은 없으며, 이러한 이유로 선호에 대한 불확실성은 배제된다. 의사결정 이론 구조의 체감에 대한 불확실성을 포함시키려면 다른 체감적 결과를 평가하는 일종의 메타-체감이 필요할 것이다.

2. 다음을 볼 것. Merton 1969.

3. 과학적·사회적 영향에 대한 검토는 다음을 볼 것. National Research Council, Committee on Abrupt Climate Change 2002

4. IPCC 2007b, p. 752.

5. Ibid., chap. 6.

6. 주요 조사 결과에 대한 검토는 다음을 볼 것. "Polar Science" 2007. 특히 Shepherd and Wingham 2007의 리뷰를 참조할 것.

7. IPCC 2007b, p. 776.

8. Ibid., p. 777.

9. 다음을 볼 것. Tol 2003.

10. 다음을 볼 것. Weitzman 2007a.

11. Weitzman의 결과에 대한 회의적인 검토는 Nordhaus 2007c에 포함되어 있다.

제8장

탄소세의 다양한 장점

이 장은 Nordhaus 2007e의 개정판이다.

1. 이러한 구분은 지극히 단순화된 것이다. 변형과 혼합형을 포함하는 상세한 논의는 Aldy, Barrett, and Stavins 2003과 거기에 포함된 많은 참조 및 제안을 볼 것.

2. 다음을 볼 것. Cooper 1998, Pizer 1998, Victor 2001, Aldy, Barrett, and Stavins 2003.

3. 다음을 볼 것. McKibbin and Wilcoxen 2002. Aldy, Barrett, and Stavins 2003.

4. 다음을 볼 것. Pizer 1999. Hoel and Karp 2001.

5. 다음을 볼 것. Goulder, Parry, and Burtraw 1997. Goulder and Bovenberg 1996.

6. 다음을 볼 것. Sachs and Warner 1995. Torvik 2002.

7. 생태학적 세금에 관한 선도적 연구는 다음을 볼 것. Weizsacker and Jesinghaus 1992.

8. 여기서 간단히 살펴본 혼합형 계획은 기술적 관점에서 보면 비선형 환경세의 특수한 경우이며, 환경세는 경제적 혹은 환경적 변수의 함수이다.

제9장

대안적 관점: 스턴 보고서

이 장은 Nordhaus 2007d의 개정판이다.

1. 인쇄본은 Stern 2007이다. 2006년 영국 재무부의 참고문헌으로 제공된 전자문서도 참조할 것. 여기서는 인쇄본을 확정된 보고서라고 가정하며 인용문은 모두 인쇄본을 따른다. 인쇄본에는 이 보고서의 초기 비판에 대한 답변의 일부인 '후기'가 포함되어 있으며, 2006년 11월 17일자 보고서 초안의 비판에 대한 답변도 포함되어 있다.

2. Stern 2007, p. xv.

3. 이 전략은 사실상 기후변화 정책의 시점 간 효율성에 관한 모든 연구의 특징이며, 통합평가모델의 검토에서 중요한 결론 중 하나였다. "아마도 가장 놀라운 결과는 보정된 이자율과 낮은 미래 경제성장을 고려할 때 보통 수준의 규제가 일반적으로 최적이라는 일치된 결과일 것이

다."(Kelly and Kolstad 1999). 이러한 결과는 1975~2007년에 걸쳐 개발된 모든 Yale/DICE/RICE 5세대 지구온난화 모델에서 발견되었다. 경사로의 예는 [그림 5-4] 및 [그림 5-5]를 참조할 것.

4. 최근 경고에 대해서는 다음을 볼 것. Hansen et al. 2006.

5. 『스턴 보고서』의 초기 버전은 클라인(Cline)의 1992년 연구다. 할인율에 관한 클라인의 분석은 사실상 『스턴 보고서』와 동일했다.

6. 『스턴 보고서』에 관해 많은 논평이 출간되었다. 주요 가정에 관한 비판적 논의는 Tol and Yohe 2006과 Mendelsohn 2006에서 이루어진다. 할인 문제에 관해 특히 유용한 논의는 Dasgupta 2006에 포함되어 있다. 『스턴 보고서』의 극단적 발견에 초점을 맞춘 분석은 Seo 2007이다. 윤리에 관한 논의는 Beckerman and Hepburn 2007에서 이루어진다. 이 장과 거의 동일한 메시지가 담긴 윤리적 파라미터의 민감도 분석은 Mityakov 2007이다. 다양한 요소의 광범위한 비판은 Carter et al. 2006과 Byatt et al. 2006에 포함되어 있다. 보험 문제와 할인율은 Gollier 2006과 Weitzman 2007b에서 논의된다.

7. UK Treasury 2006.

8. UK Joint Intelligence Committee 2002.

9. Stern 2007, p. 530.

10. Arrow et al. 1996.

11. 할인과 관련된 많은 문제들, 특히 기후변화 관련 문제들은 Portney and Weyant 1999의 여러 연구에서 논의되었다. 유용한 요약은 Arrow et al. 1996에 수록되어 있다. 램지 접근방식의 철학적 측면에 대한 논의는 Dasgupta 2005에 포함되어 있다.

12. 다음을 볼 것. Ramsey 1928. Koopmans 1965. Cass 1965. 거시경제학에서 대부분의 고급 교과서는 이 모델을 심층적으로 발전시킨다.

13. Stern 2007, p. 60.

14. 이 구절은 Sen and Williams 1982, p. 16에서 인용한 것이다. 그들은 총독관저 공리주의를 '대다수가 공리주의 믿음을 공유하지 않는 사회를 공리주의 엘리트들이 규제하는 사회제도'라고 표현한다. Dasgupta(2005)는 할인율의 맥락에서 총독관저 윤리를 논의한다.

15. Koopmans 1965. 0의 할인율은 목적함수의 비수렴, 함수적 불완전성 등 심각한 수학적 문제로 이어진다.

16. 다음 단락의 여러 우려사항들은 Sen and Williams 1982의 공리주의 공방에서 논의된다.

17. 이는 Phelps and Pollak (1968)의 연구 기조이다.

18. 자본수익률과 무위험율의 괴리에 관한 해석은 이런 맥락에서 문제를 제기한다. 시장에서 이러한 격차가 위험자산에 대한 체계적 프리미엄으로 결정된다고 가정한다면 기후변화에 대한 투자의 위험 특성을 검토할 필요가 있다. 여기서 논의된 내용은 기후 투자가 다른 자본 투자의 위험 특성을 공유한다고 가정한다. 만약 기후 투자에 어느 정도의 체계적 위험이 있는 것으로 보인다면 기후 투자에 대한 위험 프리미엄을 적절히 조정할 필요가 있다. 이 문제는 제7장의 높은 기후변화 시나리오의 위험 특성에서 다루었다.

19. 소비탄력성에 관한 논의는 『스턴 보고서』 제2장 부록에 수록되어 있다(Stern 2007). 또한 소비탄력성은 세대간 소비불평등에 대한 사회적 선택을 반영하는 파라미터이므로 개인의 선호도나 위험 회피에서 자연적으로 도출될 수 없다는 점에 주목할 필요가 있다.

20. 이 점은 다음에서 강조되었다. Dasgupta (2006).

21. Stern 2007, figure 6.5d, pp. 178 and 177.

22. Ibid., box 6.3, pp. 183–85.

23. 이 결과를 단순화하면 다음과 같다. 이러한 식을 도출하기 위해 소비 증가율이 g로 일정하고 인구가 일정하고 초기 소비량이 $C(0)$이며 램지 방정식이 『스턴 보고서』의 파라미터를 유지한다고 가정한다. 이 경우 성장 보정된 할인율은 연간 $\theta = r-g = 0.001$이다. 주름은 향후 200년 동안 일정하게 소비의 0.001퍼센트에 해당하는 피해가 발생한다고 가정한다. 선형 효용을 사용할 경우 주름에 따른 피해의 현재 가치는 다음과 같다.

$$\int_{200}^{\infty} \lambda C(t)e^{-\theta t}dt = \lambda C(0)e^{-\theta 200}/\theta = \lambda C(0)0.818/.001 = 0.818\, C(0).$$

선형 효용의 경우 주름은 현재 1년 소비량의 81.8%를 차지한다. 본문의 수치가 더 낮은 이유는 효용함수의 곡률 때문이다.

24. Stern 2007, p. 344 (2000년 가격으로 CO_2 1톤당 85달러).

25. Hope 2006.

26. Mityakov 2007.

제10장

요약 및 결론

1. IPCC 2007b, p.13.

참 고 문 헌

Aldy, Joseph, Scott Barrett, and Robert Stavins. 2003. "Thirteen Plus One: A Comparison of Global Climate Policy Architectures." *Climate Policy* 3: 373–397.

Arrow, K. J., W. Cline, K. G. Maler, M. Munasinghe, R. Squitieri, and J. Stiglitz. 1996. "Intertemporal Equity, Discounting and Economic Efficiency." In *Climate Change 1995—Economic and Social Dimensions of Climate Change*, ed. J. Bruce, H. Lee, and E. Haites. Cambridge: Cambridge University Press, 125–144.

Beckerman, Wilfred, and Cameron Hepburn. 2007. "Ethics of the Discount Rate in the *Stern Review on the Economics of Climate Change*." *World Economics* 8(1): 187–210.

Brooke, Anthony, David Kendrick, Alexander Meeraus, and Ramesh Raman. 2005. *GAMS: A User's Guide*. Washington, DC: GAMS Development Corporation.

Byatt, Ian, Ian Castles, Indur M. Goklany, David Henderson, Nigel Lawson, Ross McKitrick, Julian Morris, Alan Peacock, Colin Robinson, and Robert Skidelsky. 2006. "The *Stern Review*: A Dual Critique: Part II: Economic Aspects." *World Economics* 7(4): 199–232.

Carter, Robert M., C. R. de Freitas, Indur M. Goklany, David Holland, and Richard S. Lindzen. 2006. "The *Stern Review*: A Dual Critique: Part I: The Science." *World Economics* 7(4): 167–198.

Cass, David. 1965. "Optimum Growth in an Aggregative Model of Capital Accumulation." *Review of Economic Studies* 32(3): 233–240.

Cline, William. 1992. *The Economics of Global Warming*. Washington, DC: Institute for International Economics.

Congressional Quarterly. 2007. "Gore's Global Warming Plan Goes Far beyond Anything Capitol Hill Envisions." Downloaded from March 21, 2007, online edition at http://public.cq.com/docs/cqt/news110000002475002.html.

Convery, Frank J., and Luke Redmond. 2007. "Market and Price Developments in the European Union Emissions Trading Scheme." *Review of Environmental and Economic Policy* 1: 88–111.

Cooper, Richard. 1998. "Toward a Real Treaty on Global Warming." *Foreign Affairs* 77: 66–79.

Dasgupta, Partha. 2005. "Three Conceptions of Intergenerational Justice." In *Ramsey's Legacy*, ed. H. Lillehammer and D. H. Mellor. Oxford: Clarendon Press, 149–169.

Dasgupta, Partha. 2006. "Comments on the *Stern Review*'s Economics of Climate Change." Cambridge University, November 11 (revised December 12).

Edmonds, Jae. 2007. Personal communication, January 10.

Ellerman, Denny A., and Barbara K. Buchner. 2007. "The European Union Emissions Trading Scheme: Origins, Allocation, and Early Results." *Review of Environmental and Economic Policy* 1: 66–87.

EPA (Environmental Protection Agency). 2006. *Acid Rain Program Allowance Auctions*. http://www.epa.gov/airmarkets/auctions/index.html (accessed November 9, 2006).

European Commission. 2006. "European Union Emission Trading Scheme." http://europa.eu.int/comm/environment/climat/emission.htm (accessed November 9, 2006).

Füssel, H.-M., F. L. Toth, J. G. Van Minnen, and F. Kaspar. 2003. "Climate Impact Response Functions as Impact Tools in the Tolerable Windows Approach." *Climatic Change* 56: 91–117.

Gollier, Christian. 2006. "An Evaluation of Stern's Report on the Economics of Climate Change." IDEI Working Paper no. 464.

Gore, Albert J., Jr. 2007. "Moving beyond Kyoto." *New York Times*, July 1.

Goulder, Lawrence, and A. Lans Bovenberg. 1996. "Optimal Environmental Taxation in the Presence of Other Taxes: General Equilibrium Analyses." *American Economic Review* 86: 985–1000.

Goulder, Lawrence, Ian Parry, and Dallas Burtraw. 1997. "Revenue–Raising vs. Other Approaches to Environmental Protection: The Critical Significance of Pre–existing Tax Distortions." *RAND Journal of Economics* 28: 708–731.

Govindasamy, B., K. Caldeira, and P. B. Duffy. 2003. "Geoengineering Earth's Radiation Balance to Mitigate Climate Change from a Quadrupling of CO_2." *Global and Planetary Change* 37: 157–168.

Hansen, James, Makiko Sato, Reto Ruedy, Ken Lo, David W. Lea, and Martin Medina–Elizade. 2006. "Global Temperature Change." *Proceedings of the National Academy of Sciences (U.S.)* 103: 14288–14293.

Hoel, Michael, and Larry Karp. 2001. "Taxes and Quotas for a Stock Pollutant with Multiplicative Uncertainty." *Journal of Public Economics* 82: 91–114.

Hope, Chris. 2006. "The Marginal Impact of CO_2 from PAGE2002: An Integrated Assessment Model Incorporating the IPCC's Five Reasons for Concern." *Integrated*

Assessment 6: 19–56.

IIASA (International Institute of Applied Systems Analysis) World Population Program. 2007. "Probabilistic Projections by 13 World Regions, Forecast Period 2000–2100, 2001 Revision." Available online at http:// www.iiasa.ac.at/Research/POP/proj01/.

International Monetary Fund. 2006. *World Economic and Financial Surveys, World Economic Outlook Database.* September 2006 edition. Available online at http://www.imf.org/external/pubs/ft/weo/2006/02/data/index .aspx.

IPCC (Intergovernmental Panel on Climate Change). 1996. *Climate Change 1995—Economic and Social Dimensions of Climate Change.* Ed. J. Bruce, H. Lee, and E. Haites. Cambridge: Cambridge University Press.

IPCC (Intergovernmental Panel on Climate Change). 2000. *Special Report on Emissions Scenarios.* Cambridge: Cambridge University Press.

IPCC (Intergovernmental Panel on Climate Change). 2001. *Climate Change 2001: The Scientific Basis.* Ed. J. T. Houghton, Y. Ding, D. J. Griggs, M. Noguer, P. J. van der Linden, and D. Xiaosu. Contribution of Working Group I to the Third Assessment Report of the Intergovernmental Panel on Climate Change. Cambridge: Cambridge University Press.

IPCC (Intergovernmental Panel on Climate Change). 2005. *IPCC Special Report on Carbon Dioxide Capture and Storage.* Ed. Bert Metz, Ogunlade Davidson, Heleen de Coninck, Manuela Loos, and Leo Meyer. Available online at http://www.ipcc.ch/activity/srccs/index.htm.

IPCC (Intergovernmental Panel on Climate Change). 2007a. "Summary for Policymakers." In *Climate Change 2007: Impacts, Adaptation and Vulnerability.* Ed. Martin Parry, Osvaldo Canziani, Jean Palutikof, Paul van der Linden, and Clair Hanson. Contribution of Working Group II to the Intergovernmental Panel on Climate Change, April. Available online at http://www.ipcc.ch/.

IPCC (Intergovernmental Panel on Climate Change). 2007b. *Climate Change 2007: The Physical Science Basis.* Ed. Bert Metz, Ogunlade Davidson, Peter Bosch, Rutu Dave, and Leo Meyer. Contribution of Working Group I to the Fourth Assessment Report of the Intergovernmental Panel on Climate Change. Available online at http://ipcc-wg1.ucar.edu/ wg1/wg1-report.html.

Keith, David W. 2000. "Geoengineering the Climate: History and Prospect." *Annual Review of Energy and the Environment* 25 (November): 245–284.

Keller, K., M. Hall, S.-R. Kim, D. F. Bradford, and M. Oppenheimer. 2005. "Avoiding Dangerous Anthropogenic Interference with the Climate System." *Climatic Change* 73: 227–238.

Kelly, David L., and Charles D. Kolstad. 1999. "Integrated Assessment Models for Climate Change Control." In *International Yearbook of Environmental and Resource Economics 1999/2000: A Survey of Current Issues*, ed. Henk Folmer and Tom Tietenberg. Cheltenham, UK: Edward Elgar, 171–197.

Klepper, Gernot, and Sonja Peterson. 2005. "Emissions Trading, CDM, JI, and More—

The Climate Strategy of the EU." Kiel Working Paper 1238. Kiel, Germany: Institut für Weltwirtschaft.

Koopmans, Tjalling C. 1965. "On the Concept of Optimal Economic Growth." *Academiae Scientiarum Scripta Varia* 28(1): 1–75. Available online at http://cowles.econ.yale.edu/P/au/p_koopmans.htm.

Kruger, Joseph, Wallace E. Oates, and William A. Pizer. 2007. "Decentralization in the EU Emissions Trading Scheme and Lessons for Global Policy." *Review of Environmental and Economic Policy* 1: 112–133.

Lutz, Wolfgang. 2007. Personal communications, May 18 and May 21.

MacCracken, Christopher N., James A. Edmonds, Son H. Kim, and Ronald D. Sands. 1999. "The Economics of the Kyoto Protocol." In *The Costs of the Kyoto Protocol: A Multi-model Evaluation*, ed. John Weyant and Jennifer Hill. *Energy Journal*, special issue: 25–72.

MAGICC (Model for the Assessment of Greenhouse–Gas Induced Climate Change). 2007. Tom Wigley, Sarah Raper, Mike Salmon and Tim Osborn, developers. Available online at http://www.cgd.ucar.edu/cas/ wigley/magicc/index.html.

Manne, Alan S., and Richard G. Richels. 1992. *Buying Greenhouse Insurance: The Economic Costs of Carbon Dioxide Emission Limits*. Cambridge, MA: MIT Press.

Manne, Alan S., and Richard Richels. 1999. "The Kyoto Protocol: A Cost-Effective Strategy for Meeting Environmental Objectives?" In *The Costs of the Kyoto Protocol: A Multi-model Evaluation*, ed. John Weyant and Jennifer Hill. *Energy Journal*, special issue: 1–24.

Manne, Alan S., and Richard G. Richels. 2001. "U.S. Rejection of the Kyoto Protocol: The Impact on Compliance Costs and CO_2 Emissions." AEI–Brookings Joint Center Working Paper no. 01-12.

McKibbin, Warwick J., and Peter Wilcoxen. 2002. "The Role of Economics in Climate Change Policy." *Journal of Economic Perspectives* 16: 107–129.

Mendelsohn, Robert O. 2006. "A Critique of the Stern Report." *Regulation* 29(4): 42–46.

Merton, Robert C. 1969. "Lifetime Portfolio Selection under Uncertainty: The Continuous-Time Case." *Review of Economics and Statistics* 51(3): 247–257.

Mityakov, Sergey. 2007. "Small Numbers, Large Meaning: A Sensitivity Analysis of the *Stern Review on Climate Change*." February 2. Unpublished paper.

National Academy of Sciences. Committee on Science, Engineering, and Public Policy. 1992. *Policy Implications of Greenhouse Warming: Mitigation, Adaptation, and the Science Base*. Washington, DC: National Academy Press.

National Research Council. Committee on Abrupt Climate Change. 2002. *Abrupt Climate Change: Inevitable Surprises*. Washington, DC: National Academy Press.

Nordhaus, William D. 1979. *The Efficient Use of Energy Resources*. New Haven, CT: Yale University Press.

Nordhaus, William D. 1991. "To Slow or Not to Slow: The Economics of the Greenhouse Effect." *Economic Journal* 101(407): 920–937.

Nordhaus, William D. 1994. *Managing the Global Commons: The Economics of Cli-*

mate Change. Cambridge, MA: MIT Press.

Nordhaus, William D. 2001. "Global Warming Economics." *Science* 294: 1283–1284.

Nordhaus, William D. 2007a. "Accompanying Notes and Documentation on Development of DICE-2007 Model: Notes on DICE-2007.delta.v8 as of June 7, 2007." Yale University, June 7. Available online at http://www.econ.yale.edu/~nordhaus/homepage/DICE2007.htm.

Nordhaus, William D. 2007b. "Alternative Measures of Output in Global Economic-Environmental Models: Purchasing Power Parity or Market Exchange Rates?" *Energy Economics* 29(3): 349–372.

Nordhaus, William D. 2007c. "The Real Meaning of Weitzman's Dismal Theorem." September 3. Available online at http://www.econ.yale.edu/~nordhaus/homepage/recent_stuff.html.

Nordhaus, William D. 2007d. "The *Stern Review* on the Economics of Climate Change." *Journal of Economic Literature* 45 (September): 686–702.

Nordhaus, William D. 2007e. "To Tax or Not to Tax: Alternative Approaches to Slowing Global Warming." *Review of Environmental Economics and Policy* 1(1): 26–44.

Nordhaus, William D., and Joseph Boyer. 1999. "Requiem for Kyoto: An Economic Analysis of the Kyoto Protocol." In *The Costs of the Kyoto Protocol: A Multi-model Evaluation*, ed. John Weyant and Jennifer Hill. Energy Journal, special issue: 93–130.

Nordhaus, William D., and Joseph Boyer. 2000. *Warming the World: Economic Models of Global Warming*. Cambridge, MA: MIT Press.

Nordhaus, William D., and David Popp. 1997. "What Is the Value of Scientific Knowledge? An Application to Global Warming Using the PRICE Model." *Energy Journal* 18(1): 1–45.

Nordhaus, William D., and Zili Yang. 1996. "A Regional Dynamic General-Equilibrium Model of Alternative Climate-Change Strategies." *American Economic Review* 86: 741–765.

Nordhaus, William D., and Gary Yohe. 1983. "Future Carbon Dioxide Emissions from Fossil Fuels." In National Research Council–National Academy of Sciences, *Changing Climate*. Washington, DC: National Academy Press, 87–153.

Oppenheimer, Michael. 1998. "Global Warming and the Stability of the West Antarctic Ice Sheet." *Nature* 393: 325–332.

Oppenheimer, Michael, and Richard B. Alley. 2004. "The West Antarctic Ice Sheet and Long Term Climate Policy." *Climatic Change* 64: 1–10.

Peck, Stephen C., and Thomas J. Teisberg. 1993. "Global Warming Uncertainties and the Value of Information: An Analysis Using CETA." *Resource and Energy Economics* 15(1): 71–97.

Phelps, E. S., and R. A. Pollak. 1968. "On Second-Best National Saving and Game-Equilibrium Growth." *Review of Economic Studies* 35(2): 185–199.

Pizer, William A. 1998. "Prices vs. Quantities Revisited: The Case of Climate Change." Resources for the Future Discussion Paper 98-02 (revised). Washington, DC.

Pizer, William A. 1999. "Optimal Choice of Climate Change Policy in the Presence of Uncertainty." *Resource and Energy Economics* 21: 255–287.

Point Carbon. 2006. "Historical Prices." http://www.pointcarbon.com (accessed November 9, 2006, by subscription).

"Polar Science." 2007. Science, special issue, March 16.

Portney, Paul R., and John P. Weyant, eds. 1999. *Discounting and Intergenerational Equity.* Washington, DC: Resources for the Future.

Ramsey, Frank P. 1928. "A Mathematical Theory of Saving." *Economic Journal* 38(152): 543–559.

Ramsey, Frank P. 1931. *The Foundations of Mathematics.* London: Kegan Paul, Trench, Trubner, and Company.

Ravelle, Roger, and Hans E. Suess. 1957. "Carbon Dioxide Exchange between Atmosphere and Ocean and the Question of an Increase of Atmospheric CO_2 during the Past Decades." *Tellus* 9: 18–27.

Riahi, Keywan, Arnulf Gruebler, and Nebojsa Nakicenovic. 2007. "Scenarios of Long-Term Socio-economic and Environmental Development under Climate Stabilization." *Technological Forecasting and Social Change*, 74(7): 887–935.

Sachs, Jeffrey D., and Andrew M. Warner. 1995. "Economic Reform and the Process of Global Integration." *Brookings Papers on Economic Activity* 1: 1–95.

Savage, L. J. 1954. *The Foundations of Statistics.* New York: Wiley.

Sen, Amartya, and Bernard Williams, eds. 1982. *Utilitarianism and Beyond.* New York: Cambridge University Press.

Seo, S. N. 2007. "Is *Stern Review* on Climate Change Alarmist?" *Energy and Environment* 18(5): 521–532.

Shepherd, Andrew, and Duncan Wingham. 2007. "Recent Sea-Level Contributions of the Antarctic and Greenland Ice Sheets." *Science* 315(5818): 1529–1532.

Stern, Nicholas. 2007. *The Economics of Climate Change: The Stern Review.* Cambridge: Cambridge University Press. Available online at http://www.hm-treasury.gov.uk/independent_reviews/stern_review_economics_climate_change/sternreview_index.cfm.

Teller, E., L. Wood, and R. Hyde. 1997. *Global Warming and Ice Ages: I. Prospects for Physics-Based Modulation of Global Change.* 22nd International Seminar on Planetary Emergencies, Erice (Sicily), Italy, August 20–23. Available online at www.llnl.gov/global-warm/231636.pdf.

Tol, R. S. J. 2003. "Is the Uncertainty about Climate Change Too Large for Expected Cost-Benefit Analysis?" *Climatic Change* 56(3): 265–289.

Tol, Richard S. J., and Gary W. Yohe. 2006. "A Review of the Stern Review." *World Economics* 7(4): 233–250.

Torvik, Ragnar. 2002. "Natural Resources, Rent Seeking and Welfare." *Journal of Development Economics* 67: 455–470.

UK Joint Intelligence Committee. 2002. Iraq's Weapons of Mass Destruction: *The Assessment of the British Government.* September (unclassified).

UK Treasury. 2006. *Stern Review on the Economics of Climate Change*. http://www.hm-treasury.gov.uk/independent_reviews/stern_review_economics_climate_change/sternreview_index.cfm (accessed November 1, 2006).

United Nations. 2007. UNFCCC (United Nations Framework Convention on Climate Change). Available at http://unfccc.int/2860.php.

United Nations. Department of Economic and Social Affairs, Population Division. 2004. *World Population to 2300*. ST/ESA/SER.A/236. New York: United Nations.

Victor, David. 2001. *The Collapse of the Kyoto Protocol and the Struggle to Slow Global Warming*. Princeton, NJ: Princeton University Press.

Webster, Mort D. 2002. "The Curious Role of Learning: Should We Wait for More Data?" *Energy Journal* 23(2): 97–119.

Weitzman, Martin. 1974. "Prices versus Quantities." *Review of Economic Studies* 41: 477–491.

Weitzman, Martin. 2007a. "On Modeling and Interpreting the Economics of Catastrophic Climate Change." October 29. Unpublished paper.

Weitzman, Martin. 2007b. "The *Stern Review* on the Economics of Climate Change." *Journal of Economic Literature*, 45 (September): 703–724.

Weizsäcker, Ernest U. von, and Jochen Jesinghaus. 1992. *Ecological Tax Reform: A Policy Proposal for Sustainable Development*. London: Zed Books.

Weyant, John, and Jennifer Hill, eds. 1999. "The Costs of the Kyoto Protocol: A Multi-model Evaluation." *Energy Journal*, special issue.

White House. 2007. "Fact Sheet: A New International Climate Change Framework." Available at http://www.whitehouse.gov/news/releases/2007/05/20070531-13.html.

Wigley, T. M. L., R. Richels, and J. A. Edmonds. 1996. "Economic and Environmental Choices in the Stabilization of Atmospheric CO_2 Concentrations." *Nature* 379: 240–243.

찾 아 보 기

균형의 문제

지구온난화 정책 비교

초판 1쇄 인쇄 2020년 11월 2일
초판 1쇄 발행 2020년 11월 12일

지은이 윌리엄 노드하우스 ㅣ 옮긴이 한정훈 ㅣ 감수자 박호정
펴낸이 신정민

편집 신소희 이희연 ㅣ 디자인 엄자영 이정민 ㅣ 저작권 한문숙 김지영 이영은
마케팅 정민호 김경환 ㅣ 홍보 김희숙 김상만 지문희 김현지
제작 강신은 김동욱 임현식 ㅣ 제작처 상지사

펴낸곳 (주)교유당
출판등록 2019년 5월 24일 제406-2019-000052호

주소 10881 경기도 파주시 회동길 210
문의전화 031) 955-8891(마케팅) 031) 955-3583(편집)
팩스 031) 955-8855
전자우편 gyoyudang@munhak.com

ISBN 979-11-90277-89-1 93300